投 资

TOU ZI

陈政立 ○ 著

中国商业出版社

图书在版编目（CIP）数据

投资 / 陈政立著. —— 北京：中国商业出版社，2021.11
ISBN 978-7-5208-1844-5

Ⅰ.①投… Ⅱ.①陈… Ⅲ.①投资 – 通俗读物 Ⅳ.①F830.59-49

中国版本图书馆CIP数据核字(2021)第208879号

责任编辑：林　海

中国商业出版社出版发行
010-63180647 www.c-cbook.com
(100053 北京广安门内报国寺1号)
新华书店经销
深圳市源昌盛彩色印刷有限公司印制

*

787毫米×1092毫米　　16开　　15.25印张　　110千字
2021年11月第1版　　2021年11月第1次印刷
定价：99.00元

****

(如有印装质量问题可更换)

目录
CONTENTS

第一章 投资基本理念和方法 ……………… 001

一、投资基本理念 …………………………… 001
（一）投资核心资产理念 ………………… 001
（二）秉承价值投资理念 ………………… 002
（三）秉承趋势投资理念 ………………… 004
（四）采取逆向投资思维 ………………… 006
（五）投资比较熟悉领域 ………………… 006

二、投资基本方法 …………………………… 008
（一）自上而下、自下而上相结合的方法 … 008
（二）分批买入和卖出 …………………… 010
（三）择股与择时 ………………………… 010

第二章 价值投资和趋势投资 ……………… 013

一、价值投资 ………………………………… 013
（一）理论框架 …………………………… 013
（二）本质属性 …………………………… 016
（三）运作思路 …………………………… 017

二、趋势投资 ………………………………… 020
（一）基本观点 …………………………… 021
（二）趋势判断 …………………………… 023

三、区别联系 ………………………………… 031
（一）共同之处 …………………………… 031
（二）相异之处 …………………………… 032
（三）殊途同归 …………………………… 033

四、策略应用 034
(一) 理解时间和复利的价值 034
(二) 加强深入研究 037
(三) 洞察企业生态结构 040
(四) 警惕机械式价值投资 044

第三章 投资者的自我修行 046

一、良好的心理素质 046
(一) 耐心 047
(二) 决心 047
(三) 信心 047
(四) 平和 048

二、保持理性 049
(一) 人多的地方不要去 049
(二) 分散投资风险 050
(三) 避免频繁交易 051

三、规避几个投资陷阱 052
(一) 价值陷阱 052
(二) 成长陷阱 054
(三) 信息陷阱 058

第四章 把握社会发展大局 060

一、经济周期 060
(一) 把握经济周期的节奏 061
(二) 经济增长的衡量指标 063
(三) 经济上行阶段投资策略 065
(四) 经济下行阶段投资策略 068

二、流动性松紧程度 — 070
（一）流动性来源 — 071
（二）流动性评估指标 — 072

三、科技创新 — 076
（一）创新动力 — 076
（二）创新领域 — 079
（三）投资策略 — 081

四、政策影响 — 083
（一）选择优质主题 — 084
（二）确定投资周期 — 085
（三）精选优质标的 — 085
（四）选择好的投资时机 — 086
（五）选择好的退出时机 — 087

第五章 行业挑选 — 090

一、行业大致分类 — 090

二、行业分析方法 — 092
（一）发展前景分析 — 092
（二）分析工具运用 — 094

三、挑选原则 — 103
（一）代表着未来发展的方向 — 103
（二）广阔的市场需求空间 — 104
（三）较快的行业增速 — 105
（四）国家产业政策扶持 — 105
（五）垄断性、寡头性行业 — 106
（六）投资行业的高价值核心稀缺性资源 — 107

四、挑选领域 ... 108
(一) 高新技术领域 ... 108
(二) "专精特新"领域 ... 111
(三) 医药健康领域 ... 115
(四) 消费行业领域 ... 121
(五) 金融行业领域 ... 124
(六) 周期性行业领域 ... 125

第六章 企业筛选 ... 130
一、企业筛选理念 ... 130
二、企业筛选方法 ... 131
(一) 行业龙头企业 ... 131
(二) 成长型企业 ... 132
(三) 轻资产化运营企业 ... 133
(四) 产业链较短的企业 ... 134
(五) 受管制较小的企业 ... 135
(六) 专业化企业 ... 136
(七) 股权结构稳定的企业 ... 137
(八) 管理水平优秀的企业 ... 138

三、具有又宽又深的"护城河" ... 139
(一) "护城河"的表现形式 ... 139
(二) "护城河"的误区识别 ... 144
(三) "护城河"的具体指标 ... 145

四、优秀的财务表现 ... 146
(一) 成长速度快 ... 146
(二) 盈利能力强 ... 148
(三) 资产结构优 ... 150
(四) 运营效率高 ... 152
(五) 现金流量足 ... 153
(六) 综合性评估 ... 156

第七章 择时交易 ········· 161

一、估值合理 ·········161
（一）绝对估值法 ········· 161
（二）相对估值法 ········· 162

二、交易时机 ········· 164
（一）经济周期及经济政策 ········· 165
（二）股市大盘指数 ········· 166
（三）个股表现 ········· 170
（四）技术分析 ········· 174

第八章 防范投资陷阱 ········· 176

一、风险防范 ········· 176
（一）风险识别 ········· 176
（二）避免虚假概念股 ········· 180
（三）其他不适合投资的股票 ········· 181
（四）避免杠杆 ········· 182
（五）及时止损 ········· 184

二、调查研究 ········· 185
（一）组建团队 ········· 185
（二）人员调查 ········· 186
（三）财务调查 ········· 189
（四）全面衡量 ········· 191

第九章 投资语录 ········· 193

后记 ········· 224

第一章 投资基本理念和方法

俗话讲"吃不穷，穿不穷，不会投资理财就受穷"。凡是投资成功的人，都有一套自己的投资哲学、理念和方法。前者是道，后者是术，只有道与术的有机结合，才能进行高效的投资，取得丰厚的回报。这就需要树立正确的投资理念，形成一套基本的逻辑，确立正确的投资标准，订立严格的投资纪律并长期遵守，这样才能穿越"牛熊"，享受资产增值的成果。

一、投资基本理念

（一）投资核心资产理念

物以稀为贵，完美的东西不一定值钱，但稀缺的东西一定值钱。所谓稀缺，通俗讲就是即使有钱也未必买得到的好东西。如果可以买得到这些稀缺资源的企业或股票，那么你就拥有了核心资产。

核心资产大体上可以分为以下几类：一是市场准入的政策限制性资源，比如政策没有放开的免税牌照、特许经营权等；二是天然不可再生或难以复制的资源，比如用赤水河水酿造而成的茅台酒，一些特殊原产地生产的中药材等；三是尖端科研成果、先进核心技术、关键零部件等；四是具有垄断性的优秀品牌、特殊网络渠道等；五是健康、美丽、长寿等那些花钱也难以得到的东西。

股票投资宁缺毋滥。成功的投资，在于少和精而不在于多，在于稳和慢而不在于快，在于简单和有效而不在于复杂。尽量排除普通资产，只投资稀缺性资产；不是可以去投资什么，而是不可以去投资什么；宁可错过十个项目，也不错投一个项目；宁可少投几只股票，也不可投错一只标的；宁可踩空流口水，也不可投错流泪水。

（二）秉承价值投资理念

资产价格波动可以分成价值驱动、政策驱动、资金驱动、情绪驱动等类型。价值驱动主要取决于企业的经营状况，相对容易评估，确定性因素比较大；政策驱动取决于政府的意愿，政策力度和推出时间不由投资者决定；资金的流动方向、数量也不是由投资者所能预见和把握的；市场情绪取决于投资者的心理状态，是最不容易预见和把握的因素。资金驱动和情绪驱动往往出现在牛市和熊市的尾端，既是股价涨破天获利最丰厚的阶段，又是股价跌过头亏损最严重的时期，市场表现为非理性的繁荣或恐慌，任何不确定性因素就是风险。

从长期而言，投资是一种信仰。必须坚持价值投资的理念，增加确定性，减少风险性，以合理的价格买入价值被低估的优质核心股票，然后长期持有，做时间的朋友。通过与高者为伍，与智者相伴，与巨人同行，分享企业发展的成果，获取丰厚的投资回报。

比如，中国宝安集团（000009）1983年发行新中国第一张股票，1991年IPO上市前按评估后的净资产折股，每股送16.5股。上市后至2021年期间每股合计送股约23.5股，总计40股，等于1983年的1股到2021年变成了约41股。按2021年8月24日收盘价28.81元/股计算，合计1181.21元。再加上分红、出售认股权证等收益，如果从1983年一直持有宝安股票的话，38年时间价值增长1200倍以上。

（三）秉承趋势投资理念

每个时代都有自己的大主题、大趋势。投资股票就是投资未来、投资趋势，要做趋势的朋友。只有符合趋势的，才是有价值的。具体来讲，做投资既要看态势，又要看走势，更要看趋势，其中包含几重含义。

第一，顺应宏观经济政策的态势。比如，当经济周期开始复苏，货币政策宽松、流动性宽裕时要大胆加仓做多；当经济周期从繁荣转向衰退，货币政策紧缩、流动性收紧时要积极减仓，甚至清仓。

第二，顺应行业兴衰交替的趋势。任何成功的投资，都是因为投资了这个时代最好的公司或项目，不同的时代创造出各自伟大的企业。比如，标准石油、福特汽车是20世纪初电气化时代的典范，IBM、微软是信息化时代的领头羊，苹果、谷歌、脸书、亚马逊是移动互联网时代的巨擘，特斯拉则引领着新能源汽车这种未来出行的新方式。

当前及未来中国经济发展的主流应该是高新技术快速兴起，人口老龄化趋势不可逆转，居民消费持续升级，生态环保不断深化，数字化、信息化、智能化成为时代的潮流。以互联网、物联网、大数据、人工智能为代表的高新技术行业，以医药、器械、保健、康复为代表的生物医药行业，以各类消费品为代表的消费类行业，以新能源、碳中和、碳达峰为代表的生态环保行业，就是未来的行业发展方向，体现着时代发展的趋势。

第三，顺应股市大盘的走势。比如，在2015年上半年的大牛市中，各个股票都能鸡犬升天；在2018年股市大盘非理性下跌过程中，几乎没有哪只股票可以幸免于难。顺势而为者赚得盆满钵满，逆势操作者亏得几年不得解套翻身。

古人讲"虽有智慧，不如乘势"。对于趋势投资者来说，符合未来趋势的，才是真正有价值的。其实大部分成功的投资者，并不是仅仅依靠自身的努力，也是运用趋势投资的方法找到了优质的投资标的。其成功是时代的馈赠，合乎了周期，顺应了趋势，所以获取了超额的收益。

在现实投资活动中，市场都是正确的，就看你能否把握。有时候选择比努力更重要，眼光比能力更关键。投资就是要以市场为师，当趋势的朋友。顺势而为，好比是选择了一部上行的电梯，往往事半功倍；反之，逆势而行无异于螳臂当车，再怎么努力也是白费心血。

（四）采取逆向投资思维

资本市场的波动犹如阴阳五行、四时轮回，周而复始，涨多了必跌，跌久了必涨，急涨快跌，缓涨慢跌，贵极则贱，贱极则贵，背后是亘古不变的人性。股市总是在绝望中诞生，在亢奋中衰亡。人人都在谈论股票时往往意味着股市已经高涨，牛市终结为时不远，众人都不愿提及股票时往往意味着股市行情低迷，逐步复苏就在前方。

巴菲特说"别人恐惧我贪婪，别人贪婪我恐惧"。这充分体现了股票投资需要逆向思维的哲学理念。既要看到机会，又要看到危险，最好的时候往往是最坏时候的开始，最坏的时候往往又是最好时候的开端。必须克服人性的弱点，采取人取我弃、人弃我取的策略，在股价低迷时敢于重仓买入，在股价高涨时舍得清仓离场。请永远相信这句话：当所有人都冲进去的时候就赶紧出来，当所有人都不玩时再冲进去。

（五）投资比较熟悉领域

古人讲"德不配位，必有余殃；人不配财，

必有所失"。这里所讲的德不仅是指道德和品行，更是指认知和能力。财富永远只留给配得上它的人，人只能赚取认知和能力范围内的钱，超出认知范围的盲目性投资即使一时得逞，最终结果不是赚不多，就是亏得多，又会把钱还给市场。具体表现为两种情况。

第一种情况是谨小慎微。开始时信心满满，入手后胆小如鼠，刚一得手略有收获便匆忙离场，失去了把利润放大的机会。初期的贪婪和得手后的恐惧，这不是过度谨慎小心的问题，而是对所投资的行业、企业缺少了解，认知不够当然底气不够、信心不足。

第二种情况是胆大妄为，高估自己的能力。手里有了点钱就管不住，一定要把钱马上花出去，于是不管是熟悉还是不熟悉的股票，天女散花般地买了一大堆，美其名曰分散投资、分散风险。这种投资方式用句俗话来讲，投资前是老鼠不留过夜食，投资后是盲人骑瞎马，夜半临深池，岂有不亏损本钱的道理。

古人讲"弱水三千，但取一瓢"，意思是说做事要有自我节制能力。这句话同样适用于投资。股市的钱是赚不完的，没有人能够把握住每一次赚钱的机会，想得到的事情未必办得到，但想不到的事情一定做不到，饼再大也不可能大过烙饼的锅。任何超出认知范围的投资都存在诸多不可测、不可控的风险，不要想着去赚超出自己认知范围之外的钱，扩张超出能力范围的将会招致毁灭，有统计数据表明，超过90%的企业都败在盲目扩张路上，特别是非相关性多元化扩张。

俗话讲"生意做熟不做生"，投资也是同样的道理。人的认知都是有限的，这是个客观事实，无知并不可怕，可怕的是不知道自己无知。所有的恐惧与贪婪，都源自对市场的无知。只有充分了解所投行业、企业的特点，能够预判未来发展的动态，把握竞争格局演变的趋势，才能胸有成竹，做出长期价值投资和趋势投资的选择，面对股价的短期波动神闲气定，稳坐钓鱼台，静等开花结果。

二、投资基本方法

（一）自上而下、自下而上相结合的方法

投资之道，万千法门。如同江湖上的武功有南拳、北腿、少林、武当等一样，股票投资的流派方法众多，大体上可以分成以下几种：一是宏

第一章 投资基本理念和方法

观策略分析法，从宏观经济形势、政策的变化入手，再应用到具体行业、企业的股票投资中，又称为自上而下的研究方法。二是公司价值投资法，简单说就是选股，选出增值潜力巨大的股票长期持有，这种方法又称为自下而上的研究方法。三是主题事件投资法，对某一事件的发展趋势进行判断，找出具有相同属性特征的股票，也就是所谓的各种概念股。四是技术分析法，以股价为研究对象，通过看K线、看指标、看图形、画切线，对未来股价变化趋势进行预测。这些选股方法没有对错优劣之分，只有适合或不适合之别，只要是能够经得起市场检验，并且能够赚钱的就是好方法。

目前在机构投资中，运用得较多的是宏观策略分析加公司价值分析，大致是先从宏观经济景气程度、相关经济刺激政策入手，然后寻找相应的得益行业，再寻找细分市场的龙头企业；或者是反过来先发现一个优质企业，观察其财务表现，挖掘背后的商业模式和增长空间，推导这个行业的发展趋势，进而联系到政府的相关政策，这种自下而上的选股方式在实践操作中应用得最为普遍，毕竟选股就是挑选企业。当然，如果有特殊主题事件发生时，还会运用主题事件投资法，比如,"一带一路"、碳中和、消费升级、乡村振兴等主题概念股就是基于这一逻辑。

尽管现象千变万化,办法各有千秋,但万变不离其宗的、运用最为有效的是通过自上而下和自下而上两者有机结合的方法,来研究拟投资行业、企业的基本经营面,预判其发展演变趋势,从而选择最佳的投资标的。

(二)分批买入和卖出

由于股价的短期波动很难预测,既永远不要奢望买入最低价,也永远不要奢望卖出最高价,所以不要一次性重仓买入或卖出。轻视市场、高估自身就是一种傲慢,就是一种罪过,必定会栽跟头,交学费。

打个比方来讲,股票投资就像吃东西,先尝一口,好吃就接着吃,不好吃就吐出来。分批买入有利于降低风险或摊薄成本;反之,分批卖出有利于扩大利润,即使卖出时机并不理想,也能保住一部分收益。

(三)择股与择时

股市挣钱实质上挣的是三种钱:一是挣宏观

政策量化宽松央行释放出来的钱，就要研究宏观经济状况和政策走向；二是挣企业经营成长价值增值的钱，就要研究行业、企业的经营状况和发展动态；三是挣市场资金流入市场波动的钱，就要研究股市波动的趋势和走向。

投资要选择"三好"学生，即精选好的行业、挑选好的企业、选择好的价格。也就是买什么股票、什么时间买入、什么时间卖出这三个问题，归纳起来就是择股和择时这两大事项。通俗来讲，高效的股票投资就是要买好的，买得低，拿得久，捂得住，卖得高。具体落实到股票投资时机，核心策略就是两点。

第一，择股市大盘之时。在货币政策紧缩、股市低迷时买入价值被低估的行业优质龙头企业的股票，做时间的朋友，分享企业价值增值的发展成果，在货币政策量化宽松、股市非理性繁荣、股价被严重高估时卖出。

第二，择板块轮动之时。股市中有行业板块轮动的现象，各个行业板块有涨有跌，轮流坐庄，没有只涨不跌的行业，也不存在只跌不涨的板块，不同的时间有着各自的热点，各个板块都会迎来高光时分和暗淡时刻。

打个形象的比方，就好比一群人在排队玩摩

天轮,轮到你玩的时候就是股价快速上涨的得意时间,在你排队的时候就是股价下落或徘徊波动的时间。关键是轮到你玩的时候你要在场,否则就会与机遇失之交臂。

第二章 价值投资和趋势投资

一、价值投资

（一）理论框架

价值投资理论起源于 20 世纪 30 年代的美国，五六十年代得到广泛应用，80 年代之后，随着科学技术的进步，金融市场效率的提升，以及市场结构的变化，价值投资的内涵和外延都发生了新的变化。可以从以下几个方面理解其理论体系、演变过程和发展趋势。

1. 价值投资的基本三要素

市场价格、内在价值、安全边际这三个要素构成了价值投资的基本逻辑。市场价格虽然时时展现，但并不显示真实的价值，并且受到政策、资金、心理、情绪等多重因素的影响，波动较大，飘忽不定。内在价值是指投资者预期未来收益的现值，这个内在价值往往是一个估计值，而不是一个精确的数字,不同的人、不同的时间会得出不同的估值结果。安全边际就是寻找被市场低估的股票,理论上来讲股价越便宜,安全边际就越高,赚钱的概率就越大,赔本的概率就越小。

2. 价值投资的演变过程

20世纪30年代至60年代,美国金融市场股票投资的主流方法是静态价值法,通过分析企业的财务数据,推断企业的经营状况,计算企业的资产价值。也就是把企业资产价值算清楚后,用低于资产价值的价格买入股票,赚的是被市场低估的那部分钱,由此产生了"捡烟蒂"理论。这种静态价值法着眼于股票价格与实际资产价值的背离程度,也就是当前国内普遍使用的企业基本面分析法,从操作的手段来看,就是通俗所讲的"捡便宜货"。

随着静态价值法的广泛应用,20世纪80年代之后便宜的企业越来越难找,巴菲特提出了"护城河"理论。聚焦于经营业绩优秀、市场地位稳定、成长预期性强、具有垄断特性等具有"护城河"的企业,发现优秀企业、买入股票并长期持有,分享企业成长带来的价值增值。这个时候价值投资被重新定义,即购买优秀的、有成长性的企业，这就意味着安全边际不仅是面向静态的过去，更要着眼于动态的未来。

从演变途径来看，价值投资的理念已经从早期关注市盈率和市净率，发展到关注企业真正的内在价值，从寻找市场低估的"捡烟蒂"理论发展到合理估值、稳定成长的"护城河"理论，价值投资的理念更加完善和丰富。

3. 价值投资的发展趋势

随着科技驱动力的持续增长，全球资本的快速流动，以及资本市场的日趋成熟，价值投资将从发现价值向创造价值转变，这是一个必然的趋势。

发现价值是出发点，投资者需要具备强大的分析能力、学习能力和敏锐的洞察能力，能通过静态的财务数据变化揭示未来的发展动能和趋势，在变化中抓住投资机遇。

创造价值是落脚点，投资者需要具备跨维度、跨地域、跨空间的思维模式，抱着成为企业的合伙人、支援者的心态，把各种创新因素、影响因素整合在一起，将对行业的理解转化成可执行、可把握的行动策略，做时间的朋友，帮助企业不断成长，实现跨周期投资，分享企业成长的收益。这既是一种理念和选择，更是一份坚守的信心。

（二）本质属性

投资的本质属性就是通过透彻的研究分析，克服恐惧和贪婪，相信简单的常识，保障本金安全并获得长期、可持续的投资回报。由此可见，投资是由研究分析、本金安全、长期可持续回报三个要素构成的，能够保住本、不亏本又是重中之重。

投资的首要事项不是投资策略和方法，而是着眼于未来，在变化的环境中识别生意的本质属性，理解商业模式的基本逻辑。具体到价值投资层面，其出发点就是基于对企业经营基本面的理解，追溯其商业模式的本质，寻找价值被低估的企业，以合理的价格买入并长期持有，从企业持续创造的价值中获得投资回报。这样就可以让每一次投资决策都有逻辑起点，把可理解的范畴拓展到最大，把依靠运气的范围压缩到最小，在尽可能小的风险中获取尽可能大的收益，以减少风险性，增加确定性。

中国宝安集团（000009）投资马应龙药业（600993）就是价值投资的一个经典案例。1995

年6月,中国宝安集团投资1100万元从武汉国有资产经营公司承接有着400多年历史的中华老字号企业马应龙药业(当时叫武汉市第三制药厂)55%的股权,后恢复马应龙原名。马应龙药业于2004年5月IPO上市,按2021年9月23日收盘价28.99元/股计算,企业总市值125亿元,26年时间投资价值提升300倍以上。

从以上案例可见,价值投资不是一项只有天才才能胜任的工作,而是只要依靠正确的理论指导,树立正确的思维模式,培养透过现象直达本质的洞察能力,遵守严格的投资纪律,就可以将价值投资从艺术变成一门可以学习、传承、教授的技术。一旦掌握了投资的本质、原则和系统化的方法论,就可以将投资这项难以确定的事情变成一项水到渠成的事业,变成逻辑上的拆解,数字里的洞察,变化中的顿悟,操作中的哲学。

(三)运作思路

1. 买股票就是买公司

股票不仅是可以买卖的证券,实质上是企业所有权的凭证。买股票就是买公司的股权,认可这个公司的长期内在价值,并且想拥有这门生意。开公司、做生意需要技术、人力、品牌、渠道等要素，某些要素还相当稀缺，一般的投资者很难直接拥有这些要素，但可以通过购买这些企业的股票使自己间接获得这些稀缺性资源。通过股票投资无须亲自经营这门生意，而是将其交给自己信赖的管理层去经营，自己提供资金成为股东享受回报。有了这种认识，做投资就不会频繁交易，追涨杀跌，也不会因为企业的短期问题而抛售股票。

2. 市场先生

这里所说的市场先生不是老师，而是股票市场的交易价格。市场先生不会告诉投资者真正的股票价值，而且情绪很不稳定，一会儿兴奋热烈、欢天喜地，一会儿情绪低落、悲观忧伤，市场价格飘忽不定、扑朔迷离。事实上，股票价格最终一定是围绕企业内在价值上下波动，如同一只小狗，虽然时而跑在主人前面，时而落在主人身后，但万变不离其宗，总是围绕在主人身边。

作为价值投资，就是要通过独立思考，在股票价格低于内在价值时低谷播种，假以时日等待股票价格高于内在价值时高峰收获。从某种程度上讲，市场先生的错误定价恰恰是价值投资者的机会。

3. 安全边际

做投资首先考虑的不是赚多少钱，而是不要亏钱。"股神"巴菲特也有类似的名言：投资的第一条原则是永远不要亏钱，第二条原则是永远不要忘记第一条原则。投资的收益和亏损具有不对称性，可以通过数据进行演示说明，如果下跌20%，需要上涨25%才能回本；下跌50%后需要涨1倍才能回本；下跌90%，则需要涨10倍才能涨回来；如果年均增长20%，10年后能够变成6.2倍，产生惊人的投资回报。

长期来看，亏损是复利的敌人，而价值投资者追求的恰恰是稳定的复利。事实上，在投资中没有人想亏损，但亏钱的人不少。如何做到不亏钱，在价值投资中，安全边际是不亏钱最重要的原则。由于不管采用什么方法对企业价值进行预估，总会和企业的真实内在价值有所偏差，所以买入时留有足够的安全边际就非常重要。安全边际越高，投资的"安全垫"就越厚，如果买入的价格远远低于企业的内在价值，即使看走了眼或者企业遭受了"黑天鹅"事件，也不会亏损太多。

4. 能力圈

投资是认知的变现，那些能够赚到大钱的人一定是在某个领域有着超越市场一般水平的认知，也就是巴菲特所说的能力圈。投资这个游戏参与者众多，专业的投资机构和高学历、高智商的专家比比皆是。一个投资者或者投资机构本质是和市场中那些看不到的投资人的平均水平或者投资机构的平均水平进行竞争。只有不断地加深自身的能力圈，做深度、前瞻、系统、全面的产业研究、公司研究的投资者和机构才能安全地赚到大钱。追热点、炒概念那些超出能力圈之外的投资行为短期可能获益丰厚，但长此以往终究会受到市场惩罚。

二、趋势投资

孙中山先生有句名言："世界潮流，浩浩荡荡，顺之者昌，逆之者亡。"这个时代唯一不变的就是变化本身，每天都有新事物、新发现和新变化，而且趋势一旦形成，就会一发而不可收，在变化动荡之中孕育着无穷的机遇，但同时也存在着诸多不可预见的风险。与之相对应，趋势投资理论快速兴起。

第二章 价值投资和趋势投资

（一）基本观点

趋势投资和价值投资两者的观点存在着一定的差异性。前者的基本理论是发现趋势，适应趋势，把握趋势，趁着趋势而起，做时代的弄潮儿，在实践中不过于关注价格是否合理，而是着眼于企业的成长性。后者的基本方法是基于以往的经营业绩、财务数据来推导未来，以合理的价格买入股票，通过长期持有分享企业成长的价值。

价值投资作为经典的投资理论，经受了多年的实践检验，但也暴露出一些局限性，受到一些投资者的质疑。如果仅仅按照价值投资的选择标准，既很难挖掘出诸如苹果、谷歌、亚马逊、脸书、特斯拉等数字时代的"独角兽"，也很难解释拼多多、抖音、京东健康等一些尚未盈利或略有盈利的企业，却有着几百亿、上千亿元估值的原因。为何存在着这些矛盾？主要原因有以下四点。

第一，在信息化、数字化时代，传统会计信息无法完整反映新兴企业的真正价值。对于创新能力、企业家精神、人力资本、数字资产、组织活力等那些新兴企业最为核心的无形资源，没有办法进行准确计量，因此也无法捕捉到数字时代的"独角兽"。

第二,基于历史数据的估值体系已经无法适应数字化浪潮下的大变局时代。由于技术日新月异,市场环境持续变化,用户偏好捉摸不定,新生事物不断涌现,导致基于历史数据推导未来趋势的难度进一步变大,准确性下降。

第三,在全球流动性极为宽松的大环境下,传统的估值体系更受到强烈冲击。在这个资金严重过剩、流动性泛滥、核心资产荒、长期低利率的时代,高风险投机型和高频交易型资本的数量越来越多,这些资本最青睐的就是充满想象力、估值空间巨大的成长型股票,对那些估值较低、价值投资比较青睐的股票却不感兴趣。过多的货币不断追逐少量的核心资产,将估值普遍推到了远超价值投资所能理解的地步,资产泡沫到处存在并且可能长期存在,这就明显放大、扭曲了价值投资的基本体系。

第四,在数字化、信息化时代,投资者用于决策的信息源和数据库越来越多元化,"网红"经济、网络大咖、意见领袖的影响力越来越强大,讲故事、绘蓝图、说远景、画大饼正变得越来越时尚,越来越真假难辨,投资者的决策心理发生了微妙的变化。

（二）趋势判断

做投资既要看态势，又要看走势，更要看趋势。从资本市场角度进行观察，资本涌入引起股价上涨往往会吸引更多资金买入而导致更大的涨幅，趋势一旦形成便会自我加强。如何判断趋势的演变方向，可从以下几个方面进行考虑。

1. 宏观经济的发展趋势

中国经济已经完成了大规模的工业化和城市化，逐步进入后工业化时期，经济增速逐步放缓，以往10%左右的高速增长期已经成为过去，未来宏观经济增速将保持在5%左右，甚至是更低的增速水平。换言之，中国经济将从增量经济时代进入存量经济时代，从数量型扩张转向质量型增长，从投资驱动转向消费驱动，从出口加工转向智能制造，结构调整、产业转型、消费升级将是大势所趋。

时代造就英雄。与宏观经济发展趋势相适应，投资的主题也需要进行切换，选择更加高速的"赛道"，具体可以从以下几个方面找到思路。

第一，投资。一个国家或地区的投资由三个部分组成，即基建投资、房地产投资和制造业投资，可以将三者展开进行简要分析。

从基建投资来看，随着国内大规模的工业化和城市化的完成，大兴土木搞"铁公基"建设的投资高潮基本已经过去，取而代之的是技术含量更高的5G、特高压、城际高速铁路和城际轨道交通、新能源汽车充电桩、大数据中心、人工智能、工业互联网等新基建。

从房地产投资来看，中国城市化率已达到60%以上，距离发达国家70%的城市化平均水平只剩下几个百分点，预示着中国大规模的城市化进程基本完成，房地产开发总体数量过剩，区域之间存在冷热不均的现象，只有一些区域性、结构性的投资机会。

从制造业投资来看，普通制造业产能过剩，钢铁、冶金、水泥等重化行业成为"去产能"的对象，而信息技术、人工智能、新能源、新材料、节能环保等高新技术产业投资却是方兴未艾，有着巨大的投资空间。

通过以上情况综合分析，基本可以得出两个结论：一是与基建投资、房地产投资活动紧密相关的上游采掘业，中游的钢铁、有色金属、冶金、水泥等制造行业，下游的建筑业、房地产业，以及与之相关联的工程机械、家电、家具、装修等

第二章 价值投资和趋势投资

传统行业，很难再现昔日的辉煌。二是与产业升级、进口替代相关联的高科技产业、新经济，将成为未来投资的热点。

第二，消费。中国已经成为拥有14亿人口、人均GDP突破1万美元、4亿中等收入群体的全球第二大消费市场，潜在的消费能力和发展空间非常广阔，足以培育一个足够大的国内消费市场来吸纳和消化产能。总体而言，消费将呈现两大趋势。

一是未来消费主导中国经济没有任何悬念。随着人们收入的不断增加，生活水平持续提升，对美好生活的无限追求，事关人们衣食住行的消费行业将呈现快速发展的局面。为何巴菲特持有大量的消费类股票？重要原因就在于美国已经步入一个消费型社会，消费占据了GDP的主导地位。可以预见，中国也将逐步进入消费型社会，从投资驱动转向消费驱动。本着投资股票就是投资未来，必须与社会现实、趋势相契合的原则，消费类股票将迎来持续强劲增长的空间。

二是消费将呈现持续升级和结构分化的趋势，高端消费、品牌消费、健康消费受到追捧，而低端消费品相对萎缩。比如，国内白酒消费量总体趋于萎缩，但茅台酒却是供不应求，方便面、啤酒等低端商品的消费量下滑严重；国内汽车消费总量趋于饱和，但中高端车型、新能源汽车却是逆市而上。

第三，出口。受益于经济全球化带来的红利，近20多年来中国出口量迅速增长，但出口不可能无限增长，随着国际市场趋于饱和，出口已经出现了增速放缓的迹象。从国际政治、经济的发展趋势上看，中美战略竞争将成为常态，并日趋激烈，国际上民粹主义、保守主义、逆全球化思潮持续抬头。因此，从"中国制造"向"中国创造"转型，提升中国出口产品的技术含量和附加价值，将是未来出口增长的发展趋势。

2. 人口老龄化趋势

人口老龄化、劳动人口减少、人口红利消失是中国未来几十年时间内不可逆转的趋势，从中体现出两大走向。

第一，产业升级转型。传统的劳动密集型行业或消失，或外迁，整个产业向着资本密集型、技术密集型转型，取而代之的是信息化、自动化、智能化制造趋势，无人驾驶、无人工厂、无人物流等无人经济、少人经济将拥有广阔的市场。

第二,养老、养生、保健、护理、康复、医疗等健康服务、消费服务成为朝阳产业,以养老服务为核心的"银发经济"潜能将在未来持续释放,围绕老年群体的衣、食、住、行、医等各个方面的市场需求将形成新的产业集群。

3. 产业发展趋势

资本市场具有逐利的本性,表现为用更多的资本去追逐强盛和高端的产业,抛弃衰退和低端的产业,产业发展将呈现两大趋势。

第一,未来高新技术企业的市值有望不断增大。中国经济正在从传统产业向高端产业转型升级,技术含量、知识含量、资金含量显著提高,经济增长质量持续提升,强化科技进步作为经济增长的重要支撑点更是无可争议。新一代信息技术、生物技术、新能源、新材料、高端装备、节能环保、航空航天等新产业、新经济将成为拉动经济持续增长的新动力。

买股票就是买未来,尤其是针对高新科技类的投资,一定要紧紧抓住产业最新的变革方向,投资产业发展的大势所趋。如果能够顺应产业发展的潮流,抓住投资的良好机遇,就有可能获取丰厚的投资回报。

投资

    中国宝安集团（000009）投资贝特瑞公司（835185）就是趋势投资的一个经典案例。2002年5月，中国宝安集团出资600万元得到贝特瑞40%的股权。2004年5月，再用437万元从上海联创公司受让贝特瑞27.6%的股权，以67.6%的持股比例绝对控股贝特瑞公司。2010年进行定增、2015年通过部分吸收合并等，各方面全力支持、帮助贝特瑞的发展壮大。随着新能源汽车动力电池的快速崛起，以及未来储能电池市场的巨大空间，贝特瑞公司连续多年名列锂电池负极材料全球销量首位。按照2021年9月23日收盘价163.20元/股计算，市值达到792亿元。若按前期投资1037万元计算，价值增长5000倍以上，若按前期加上后期的定增及部分吸收合并计算，价值增长近100倍。

    第二，行业内部结构日趋分化。当前，国内绝大部分传统产业产能过剩。过剩必然导致分化，资源向行业内优势企业集中、弱势企业被淘汰、大鱼吃小鱼式的兼并收购将是市场的必然选择。比如，"去产能"就加速一些中小企业的衰败，提升了行业头部企业的市场占有率和竞争力。因此，投资股票就要投资行业的头部企业、优势企业。

落实到投资策略,针对新兴高科技产业,在还没有出现头部企业、属于"野蛮生长"阶段的行业领域,就要投资"专精特新"的"黑马"企业,"黑马"的市值增长非常具有想象空间,可以获取不确定性溢价。由于任何新兴产业经过几年或十多年的快速增长之后,都会逐步形成较为稳定的市场格局,甚至演变成为传统产业,因此,对于已经出现头部企业的行业领域,则要投资"白马"企业,"白马"会强者恒强,可以获取确定性溢价,识别与投资"白马"的方法就显得更加关键。

4. 资本市场自身发展趋势

从当前国内股市的基本格局来看,尽管资产总体数量严重过剩,但优质核心资产依然短缺,存在着结构性短缺的矛盾。比如,尽管国内房地产市场供给过剩,但一、二线城市核心地段的优质物产还是有着很高的投资价值。从结构性短缺、优质资源稀缺这个投资逻辑出发,未来国内股市将呈现几种新趋势。

第一,投资理念更加注重价值投资。国内股市随着注册制改革的深入推进,监管和退市制度的日趋严格,投资者的更加理性和成熟,以及长线资金的入市，市场结构趋于机构化，价值投资的环境将变得更加完善。

第二，市场行情呈现结构化趋势。资产数量过剩必然带来分化，分化趋势下必然配置核心的、优质的、稀缺的资产。未来股市"二八分化"的现象将日趋严重，呈现结构化的行情。各板块普涨的情况将更加少见，一片红与一片绿共存的现象将成为新常态，股价走势和股票市值出现严重分化，呈现"冰火两重天"的情况。市场资源向优质龙头企业集中，优质资产备受追捧而成为明星股票，普通资产少有问津而缺少流动性，强者越强、弱者越弱的马太效应更加凸显。

第三，投资机构化、去散户化进程加速。从专业能力比较来看，股票投资是一件相当专业的事，需要财经、金融、企业管理等大量的专业知识。与散户相比，机构投资者在信息获取、情报分析、资金持有等方面占据明显的优势，专业的人做专业的事，投资者机构化、去散户化是必然的发展趋势。

第四，量化交易迅速崛起。所谓量化交易，就是基于数学模型，利用计算机的强大数据处理能力和计算机程序不受情绪干扰的特点实施投资的方法。量化交易包括交易数据分析、算法交易、自动交易、高频交易、趋势交易、对冲交易以及跨平台搬砖等。量化交易在交易分析和决策方面可以帮助投资者克服一些人性的弱点，但基于历史数据的交易策略在突发状况下可能产生更大的风险。

三、区别联系

对于趋势投资者来说，市场都是正确的，就看你能否把握。对于价值投资者来说，市场都是错误的，就看你能否发现。两者表面看似对立，好像是两个时代的产物，本质上却是统一的，不是非此即彼的关系。

（一）共同之处

1. 需要深入研究

无论是价值投资还是趋势投资，都要进行深度、前瞻、全面、系统、及时的研究，对企业所涉及的人、环境、组织、行业等要素进行综合研究。以研究来驱动投资决策，才能使得投资决策更加科学、理性、客观，摆脱人类易于陷入的认知偏差，克服人性的贪婪与恐惧，使得投资在安全边际内尽可能获取更多收益。

2. 与优秀企业为伍

投资界有句话叫作"数一数二，不三不四"。意思是行业内排名第一、第二的企业才有较大知名度、市场占有率和投资价值，排名靠后的企业都会让人遗忘，缺乏溢价能力。从这个观点出发，无论是价值投资还是趋势投资，投资核心资产、龙头公司的风险收益比都是最佳的，马太效应在各个行业都存在，只不过是程度不同而已。长期来看，以合理价格买入优秀企业产生的回报远大于以低估的价格买入普通的、平庸的企业。

（二）相异之处

1. 基本面与边际趋势

相比趋势投资，价值投资更重视企业的经营状况这个基本面，只要基本面没有问题，"护城河"没有发生重大变化，短期的股价波动并不影响长期投资价值。趋势投资更重视边际变化，相对弱化企业基本经营面的财务表现结果，只要边际变化是向好的方向发展，就具备投资价值。简单来讲，价值投资重视基本面，趋势投资更重视变化趋势。

2. 安全边际与成长性

相比趋势投资，价值投资更重视安全边际，安全边际为投资提供了安全垫和容错率。趋势投资更看重企业的成长性，只要长期增长确定性高，当下的高估值可以被企业未来高成长性所消化，也会以较高的估值进行投资。

3. 买卖时机选择

一般认为价值投资本质上更重视择时，更多地强调要在股票价格远低于企业内在价值时才能买入；在股价明显高于其内在价值时卖出。趋势投资相对淡化择时，而更重视择势，看重企业的成长性，只要企业发展趋势强劲，就可以考虑买入；在企业增长速度放缓时，就要考虑卖出。

（三）殊途同归

无论是价值投资还是趋势投资，两者都需要对拟投资企业的商业模式进行全面评估，判断市场需求的充分性、资源能力的合理性、成长的可持续性。

价值投资的理念里有趋势投资的元素，就是认为价格偏离价值的资产，存在强大的回归价值的趋势。趋势投资也认可价值投资的基本理念，即投资真正有价值的企业，恰好符合了宏观经济和企业的发展趋势，并且更懂得敬畏市场、敬畏时间、敬畏价值。趋势投资之所以取得了巨大的成功，正是因为投资了那些时代性的企业，但其中并没有排斥和否定价值投资的作用，并与价值投资相对立。

因此，从某种程度上讲，趋势投资是对价值投资在新时代的补充和完善，两者只是方法论、操作手段方面有所区别，在本质和逻辑上并没有太大的差异，实质上是殊途同归。

四、策略应用

（一）理解时间和复利的价值

投资中最贵的不是钱，而是时间。从某种程度上讲，做投资就是在做时间管理或时间成本管理，这是决定投资成功与否的重要因素。否则，白搭时间和资金，产生极大的浪费。如何正确理解时间和复利的价值？可以从几个方面进行思考。

1. 理解时间的价值

时间是企业能否持续创造价值的磅秤，企业是优秀还是平庸，业绩是真实还是虚假，无论其包装得多么精美，故事讲得多么动听，前景描绘得多么诱人，风口选得多么准确，最终都会在时间面前现出原形。飓风来了，猪都能飞上天；但风过去后，摔死的也是猪。真的假不了，假的真不了，时间最终都会给出结论。可以说，时间是优秀企业的朋友，是平庸企业的敌人。

许多秘密隐藏在时间里，只有那些随着时间的流逝还能够持续创造价值，生命活力老而弥坚，像南瓜那样越老越红的企业才是"资产"；而时间越久对生意越不利，像丝瓜那样越嫩越甜的企业则是"费用"。如果要正确评价一个企业是否优良，评估一种商业模式是否具有长期生命活力，这就需要时间的沉淀和检验，而长期持股则是必要的前提条件。

2. 理解复利的价值

复利是投资的精髓，时间创造复利的价值。

在复利的数学公式中，本金和收益率只是乘数，而时间是指数。只要本金比较大，收益率比较高，随着时间的拉长，复利效应会愈发明显。好比是在一个积雪深厚的长长坡道上滚雪球，很容易把雪球滚得又圆又大，这就是著名的"长坡厚雪"理论。一旦认识到时间和复利的价值，就不会在意股价短期的涨跌，因为时间创造复利价值，不但可以积累财富，还能在价值实现过程中获取内心的平静和安宁。

复利是时间赠予长期投资者最好的礼物。许多人热衷于频繁交易，希望快进快出赚快钱，结果却没有赚到什么钱，其原因就是在思维上只想着一夜暴富，而不愿意慢慢变富，在行为上频繁操作就是放弃了复利的价值。天下有些事情就是这样的辩证，有时候快就是慢，慢就是快。

3. 做时间的朋友

时间是检验投资决策正确与否的重要工具，能够检验出优秀的商业模式，识别出具有竞争优势的企业。有时候成功不在于做了什么，而在于没有做什么。因为时间是有成本的，所以选择比勤奋更重要。只有把时间分配给能够带来价值的项目或企业，复利才会发生作用。

要想成为出色的投资人，就必须相信时间能够"去伪存真、去粗存精"，对所投项目或标的保持耐心和信心，这样才不会因一时的话题炒作、市场价格的波动而使情绪产生剧烈变化，任何优秀的投资项目都是在时间中孕育，并且经得起时间的检验。

（二）加强深入研究

深入研究是投资的起点，要用80%的时间进行调查和研究，用20%的时间进行思考和决策。研究工作的核心任务就是要敏锐地洞察商业的本质，追求大问题的模糊正确远比追求小问题的完美精准要重要得多。

不进行深入研究的投资，就像打扑克牌从不看牌一样，很容易失败。最有效的研究方法不仅是运用估值理论、资产定价模型、资产组合模型等方法工具研究行业、企业和股市涨跌趋势，更重要的是要以始为终，追本溯源，这个"源"包括基本的公理、处世的哲学、人性的本质、万物的规律，也就是要尊重知识、学识和常识，这样才不会被复杂的表面现象所干扰，直达事物的本质。具体来讲，需要解决研究的深度、长度、宽度、独立性、实地性等问题。

1. 研究的深度

投资研究必须始终关注对于人、生意、环境、组织的深度理解，为投资决策提供依据。只有经过全面透彻的研究，挖掘生意背后的商业模式，深入思考这种商业模式背后所依赖的政策环境、市场规则、资源边界、能力保障、驱动因素等相关条件，才能看清楚投资标的预期的收益和潜在的风险，才能经得起时间的检验。更多的研究是为了更少的决策时间，更深的研究是为了更准确的决策，这种"研究上的升级"和"决策上的降级"才是投资决策最好的起点。

2. 研究的长度

研究的长度是指不仅要研究行业、企业当前的市场状态、竞争格局，还要将研究周期拉长，了解其崛起或衰落的历史过程，理解成功的要素或失败的前提，这样才能预判未来5年、10年甚至20年后的发展趋势。比如，研究中国工业化、城市化的发展历程，就能知道哪些是朝阳产业，哪些是夕阳产业，当前处于哪一个阶段，这样就可以对拟投资行业进行有效取舍。

3. 研究的宽度

研究的宽度是指跳出行业或企业自身的范围，采用跨地区、跨行业、跨学科、跨类别的多维度研究，通过发挥学科的交叉优势触类旁通，培养穿越迷雾看清本质的洞察能力，将决策过程中的不安转化为胸有成竹。比如，尽管水泥、饲料等产品的行业跨度很大，但其共性是产品自身价值较低，物流成本较高，销售半径有限，拓展异地市场需要建分装厂，都属于固定资产投入较重的行业。

4. 研究的独立性

研究的独立性意味着不能人云亦云，而是要敢于质疑，通过分析财务报表，阅读专业书籍和行业研究报告，得出理性、系统、客观的研究结论。但这还远远不够。还要深入挖掘财务数据、行业信息背后的逻辑和原因，不仅要看"数"，更要看"路"，这样才能得出富有见解的结论。只有建立了完善的投资体系，在某个领域拥有超出市场一般水平的能力圈和独立思考的能力，才能发现市场的错误定价行为并从中获利。

5. 研究的实地性

俗话讲"百闻不如一见"。任何的资料研究、财务数据都不能替代实地调研,数据不一定永远有用,数据不等同于真相,真相往往比数据更加复杂,必须研究数据背后的真相。只有通过调研拟投资企业的经营者、管理者、员工、经销商、供应商等利益相关者,才能得到最直观的认识,了解数据背后的事物真相。务必牢记,精确的数据无法替代大方向上的判断,战术上的勤奋不能弥补战略上的懒惰,只有坚持研究投资的本质,才能无限接近真理,研究的质量决定了投资的成败。

(三)洞察企业生态结构

股票投资就是投资企业,如何评估企业经营成败的决定性因素,把握企业未来发展的趋势?这是投资者最为关心的问题,可以从经营者、商业模式、经营环境、组织文化等几个维度进行考察和评估。

1. 经营者

观察经营者就是要看企业的核心灵魂人物是否具有大的格局,看他的内心操守和价值追求,看他对商业本质的理解与投资人是否志同道合。对于投资者来讲，了解人就是在做最大的风险管控，在某种程度上比财务性风控更加重要。天底下不管是好事还是坏事，大事还是小事，都是由人做的，一流的人才有可能把三流生意做成一流；反之，三流的人才即使做一流的生意，也可能把一手好牌打成烂牌。只要把人看准了、选对了，投资风险自然就小了。

投资说到底就是投资这家公司的老板。关注企业的核心灵魂人物，不仅要看其学科背景、专业能力、工作阅历等硬实力，更要看其待人接物、为人处世、价值理念、终生学习、开拓进取、持续创新等软实力，即通常所说的人生观、价值观、道德观，"三观"不正、品行不端的人不值得合作共事。片面追求经济效益，只是关心个人利益，缺乏仁德之心、诚信之心、进取之心的人，可能会短时得逞，但长远一定会摔跟头，犯错误，事业不是做不大，就是做不久。

2. 商业模式

观察商业模式就是要看这个生意的本质属性，不仅要看其挣钱的方式，看其满足了客户的哪些本质需求，看企业的核心竞争能力、市场壁垒、拓展空间、资源能力边界，看其是否具有动态的"护城河"；更重要的是，要运用以终为始的逆向考虑方式，关注这种商业模式的前提条件、依赖环境等关键因素，思考其演变的可能性，该生意从哪里来，到哪里去，哪些前提决定生死，哪些因素影响成败。当行业集中度进一步提升，技术取得突破，产业价值链重构之后，这个生意能否经得起时间的检验，能否产生复利的价值？只有考虑清楚这些问题之后，才能对这种生意的商业运营模式得出是否具有长期投资价值的结论。

3. 经营环境

任何企业都是在一定的环境中生存和发展的，环境是投资决策的重要出发点。观察经营环境就是要看该生意所处的经济发展阶段、政策环境、社会环境、人口结构、市场格局、产业链结构等方面的因素。既需要观察企业的微观经营环境，又需要考虑行业竞争的中观环境，更需要思考经济周期、金融周期、产业发展周期等宏观经济因素。比如，电子商务、移动支付的兴起引发零售业结构的巨大变化，传统的店铺零售模式受到极大的挑战；人口结构老龄化、家庭小型化导致中小户型蓬勃兴起，医疗服务行业快速持续增长。

面对错综复杂的环境因素，必须深入思考经营环境对于投资项目的影响力，哪些是促进因素，哪些是制约因素，环境会向哪个方向演变。只有深入洞悉这些影响因素及其发展趋势，长期价值投资才能心里有底、遇事不慌。

4. 组织文化

观察组织文化就是要看该企业是否具有团结一致、朝气蓬勃、奋发向上、积极进取的文化价值观，要看这种组织文化能否孕育出优秀的治理结构、科学的决策机制、系统的运行流程等管理能力，能否具备使产品更优质、服务更人性、运行更高效等经营能力。如果一个企业内部矛盾重重、圈子盛行、不思进取，那么这样的企业就不值得投资。

5. 动态评估

古语讲"不谋万世者，不足谋一时；不谋全局者，不足谋一域"。意思是说，不从全局的角度来筹谋的人，不能在某一领域取得成就；不从长远利益的角度去考虑问题，是不能筹划好一时之事的。

从投资角度来看，经营者、商业模式、经营

环境、组织文化等几个维度不是一成不变的，而是动态变化的。经营者创造出商业模式，经营环境塑造着商业模式，组织文化驱动商业模式，有些商业模式又会影响经营环境。如何把握其中的动态变化？这就要多观察、多调查、多研究、多思考，就像练习射击一样，平时多瞄准，有了八九分把握之后才可以扣动扳机。

（四）警惕机械式价值投资

从哲学上讲，天下万事万物总是一分为二，需要掌握好其中的度，否则就会走向事物的反面。投资也不例外。既要拒绝带有机会主义倾向的投机行为，又要警惕形而上学式的机械式投资方式。

什么是机械式价值投资？简单说就是机械地长期持有、机械地寻找低估值、机械地看经营基本面。与机会主义倾向相比较，机械式价值投资更具有教条性、迷惑性，可能更容易踏空或套牢，更容易错失投资的良机。

首先，长期持有只是手段，而非目的。价值的实现有多种形式，有些是时间的积累，有些是政策的变化，有些是资金的推动，而且长期本身就是一个不确定时间概念，谁也不能确定长期是指一年、三年、十年,还是更久的时间。

其次,购买低估值的股票并不是价值回报的持续来源,更应当关注企业持续创造价值的能力、成长的速度。相比低估值的股票,理解该股票被低估的原因才更加重要。比如,一些公用事业、银行、保险类股票,估值一直比较低,股息分红比例较高,现金流非常稳定,但其成长性不强,或者价格受到管制,就是一只类似高级债券的股票。

最后,价值投资也应当是着眼于未来的趋势性投资,经营基本面显示的是历史数据而非未来的业绩,虽然说可以从历史推导未来,但历史不等同于未来,必须对这些企业进行动态评估,关注环境的变化对其商业运营的影响,是发挥正面促进作用,还是起到负面限制效应。

简言之,天下没有一成不变的事情,坚持长期价值投资并不意味着持有 5 年以上、10 年以上或永久持有,股票也需要经常评估,否则长期投资就变成了思维懒惰、行动迟缓的借口,走向价值投资初衷的反面。比如,巴菲特在 50 多年的时间内,有数据可查的一共投资了 200 多只股票,持有超过 3 年的股票只有 22 只。只有不断评估、持续改进、动态优化,才能形成比较理想的投资结构。

第三章 投资者的自我修行

投资是一场不折不扣的自我修行，甚至是孤独的修行，需要经历人性的考验、性格的修炼。一方面是积极探索外部世界，寻找投资机遇和标的；另一方面是谋求心灵的平静，不为外部杂音所干扰。如何才能做到尊重常识、认知自我、合理取舍？这就需要从以下方面进行自我修行。

一、良好的心理素质

身处资本市场从事股票投资，如果没有强大的内心，是一件很痛苦的事情。机会都是跌出来的，风险都是涨出来的。如果控制不住自己的情绪，股价涨了兴奋得睡不着觉，因急涨而忘性；股价跌了担忧得心事重重，因急跌而失措；那就会严重影响生活质量，损害身体健康。股票投资需要具备哪些心理素质？具体而言就是耐心、决心、信心及平和。

（一）耐心

机会是靠耐心等出来的，具体表现在三个方面：一是做好充分的准备筛选股票，阅读相关的研究报告，分析财务报表，探讨其商业模式的合理性，思考其未来发展的趋势，到企业进行实地调研，把准备投资的标的研究清楚，与同行业的类似企业进行比较分析，货比三家不吃亏。二是耐心等待合理价格的出现，就像高明的猎手那样，做好各项打猎准备工作之后，静待猎物的出现，这个过程可能长也可能短，不宜操之过急。三是耐心持股，做时间的朋友，静心等待资产价格的上涨。

（二）决心

在交易操作的时候要有坚定的决心，好比一个猎手，经过长时间举枪瞄准之后，出现合适的时机就要果断扣动扳机，犹豫不决就会错失良机，让前期所有准备工作付诸东流。

（三）信心

持股期间要对股票持有坚定的信心，不打听小道消息，不随意跟风，保持内心的平静，不因股价的暂时波动而惊慌失措,放长时间来看,优秀企业的股价都会持续上升,是不会辜负投资者期望的。

(四)平和

情绪是交易的敌人,愤怒、恐惧、贪婪、急切、渴望、犹豫,都会影响正确的判断或决策。保持平静而坚强的内心,培养耐心、决心和信心,为何说起来容易做起来难?其中需要解决几个问题。

第一,解决资金压力。如果是借钱投资、卖房投资、加杠杆投资,股价的每一次波动都会极大地牵动神经,在资金压力下有可能做出非理性的操作。

第二,克服从众心理。看到别人投资挣钱了,自己也想投资致富,看别人买入就买入,看别人卖出就卖出,这样操作很容易高位被套,成为"被收割的韭菜"。

第三,克服自我疑虑。有些人有着莫名其妙的妄自菲薄心态,总是无缘无故地自我怀疑、自我焦虑,认为好孩子总在别人家里,好员工总在其他单位,好股票总在他人手里。没有信心、缺乏底气是不可能取得良好投资收益的。

做投资，平和的心态至关重要，需要经历人性的考验，性格的修炼。如古人所讲的"初有决定不移之志，中有勇猛精进之心，末有坚贞永固之力"，就是投资者长期自我修行的写照。

二、保持理性

也许很多人听说过17世纪荷兰郁金香的故事，这是人类历史上第一次有记载的金融泡沫，一些人也许亲身经历过2008年、2015年股灾的惨烈。历史的悲剧为何一次次地重演，而且都带有类似的韵脚，都是相同的配方，都是熟悉的味道？背后所体现的是贪婪、恐惧、从众、功利等亘古不变的人性。

从某种意义上讲，股票投资就需要具备反人性的思维，克服人性的弱点，培育理性的思维，从以下方面进行合理投资。

（一）人多的地方不要去

猛兽永远孤独，羊群愿意扎堆。可惜很多投资者就像羊群中的绵羊，领头羊走到哪里，后面的羊群就跟到哪里，全然不顾身边是否有狼群，或者还有更好的草地。看到一只股票疯狂上涨，很多人都争先恐后地追着买入，这种盲目跟风追涨的结果，不是被骗就是损失惨重。比如，2015年大牛市期间，很多投资者在行情大涨时盲目买进，跟风炒作，甚至买了不少"妖股"，随着大盘的调整和逆转，遭受了巨大损失。

如何避免羊群效应？必须牢记这句话：人多的地方不要去。从某种意义上讲，保持理性和清醒就是最大的风险管控，一些上涨过快的股票很可能就是一个个即将破裂的泡沫，一个个深深的陷阱。因此，应当及时做出判断，在交易前预先设置好止损点和止盈点，不能只见其饵而不见其钩。

孔子讲"君子不立危墙之下"。只有善于观察，才不至于招致大的风险。遇上问题多问一次为什么，就会多一分把握。不要被贪婪蒙蔽了头脑，让情绪主导了行为，没有八九分把握，就不要冒险，没有经过深思熟虑，就不要冒险进行交易。

（二）分散投资风险

防范风险、保住本金永远是第一位的，也是投资策略的基石。很多人听说过"不要把所有鸡蛋放在一个篮子里"这句话，但在现实中却有不少投资者会直接满仓一只股票，这种押宝式行为是极其危险的，与下赌注没有太大的差异。比起购买单一股票，更好的办法是根据自身的风险承受能力，采取分散投资的办法来降低投资风险。虽然分散化投资不能给予较高的投资回报，但可以提供比较稳定的收益率，避免出现因一只股票暴跌而导致损失无法承受的后果。

做投资好比一场马拉松长跑，不是比谁在某个阶段跑得快，而是比谁看得深、看得远、看得准，比谁活得更长、赚得更久。只要分散了风险、防范了风险，收益自然就会接踵而至，不请自来。

（三）避免频繁交易

"智者问凶不问吉"，凡事先往坏处想，再往好处努力，才能长久生存。现实中一些投资者过度自信，经常会根据以往的投资经验做一些主观臆断，觉得自己判断能力好，投资方向正确，能够把握住行情，进行频繁交易。其实从长期来看，决定股票价格的只有企业的价值，但是短期内有着太多的因素影响着股价，在股价波动中频繁操作赚取差价是极不理智的行为，白白增加了交易成本。频繁交易是不可能取得太大成功的，看重小利的人，不会有大"钱途"。结果往往是，抵制不住贪婪的诱惑而在高价时买入，控制不住损失的恐惧而在低价时离场，成为被市场收割的"韭菜"。

俗话讲"小心驶得万年船"，多持一点谨慎，多留一份清醒总是没有错。如果在投资中不幸遭受损失，事后必须深刻反省、总结和检讨。千万不要被波动的价格迷失了初心，只记吃不记打，好了疮疤忘了痛，被一根阳线改变认知，两根阳线转变信仰，三根阳线颠覆三观，在下一轮投资中重蹈覆辙，犯同样的错误，被同一块石头绊倒两次，那就是太愚蠢了。

三、规避几个投资陷阱

人们常说"千里马常有，而伯乐不常有"。事实上千里马也不常有，而驽马常有，鉴定驽马多了，自然也就知道什么是千里马了。如果能够保持一颗平常心，再加上独立思考，遵循一套严格的选股方法，就可以规避一些投资陷阱。具体来讲，投资陷阱主要呈现以下几种形式。

（一）价值陷阱

任何投资者都希望买到物美价廉的股票，较

低的市盈率是一个非常具有诱惑力的指标，但这种便宜却是一个极易上当的圈套，具体可以分成几种情况。

第一，经营业绩已严重透支的企业。比如，2020年突如其来的新冠肺炎疫情席卷全球，一些生产手套、口罩、消毒液、防护服、熔喷布、口罩机、核酸试剂等防疫、抗疫用品的企业业绩井喷，收入和利润比正常年景增长几十倍、上百倍，财务数据非常出色，而市盈率却在10倍左右，可谓是"朝为田舍郎，暮登天子堂"。这种乌鸡变凤凰的股票看似诱人实是陷阱，新冠肺炎疫情属于偶发性公共卫生事件，不具有可持续性，那些企业用一年时间已经透支了未来许多年的业绩。从某种程度上讲，这种偶发性收益可以理解成非经营性收益，等到疫情过去之后，凤凰还得变回乌鸡的原形。

第二，行业进入门槛低、市场竞争激烈的企业。比如，一些制造电气、机电、家电、宠物用品的企业，它们凭借敏锐的市场嗅觉，快人一步的产品先发优势，率先采用新型商业模式，取得了竞争优势，营业收入增长较快，利润比较丰厚。但如果这些企业缺少技术、品牌、渠道等核心竞争能力，没有行业进入壁垒的保护,这种优势就很难维持,很快就会引来一群模仿者、竞争者,陷入产品同质化严重、大打价格战的"红海"状态。

第三,已经过了行业巅峰期的企业。比如,房地产开发企业的黄金时间已经一去不复返,成为了政府管制、限制的对象,投资这类股票很可能陷入投资陷阱。

如何识别价值陷阱?不能只看绝对的低市盈率,千万不要被静态的估值水平所迷惑,而是要综合考虑其行业生命周期、业务发展潜力、行业竞争格局、行业市场壁垒等多方面因素,核心就在于全面评估企业的经营业绩、竞争优势是否具有长期的可持续性。如果准备投资的企业具备这些特征,那就是沙里淘金、物美价廉;反之,就印证了那句俗话"便宜没好货,好货不便宜"。

因此,宁可买高成长、高估值的股票,也不投低增长、低估值的股票。投资不能只图便宜,一个看上去物美价廉的股票未必就是一个理想的标的,必须要有好的成长性和盈利性,经营业绩的长期可持续性才是关键所在。

(二)成长陷阱

投资者都希望自己所投资的企业能快速成

长，股票的价格能持续上涨，但在现实中一些股票的价格总是涨不上去，这就可能陷入了成长陷阱。具体表现为几种情况。

1. 成长空间有限的行业

不同的行业其市场空间有着天壤之别。有些行业是大众化市场，发展空间犹如星辰浩瀚无比，比如，汽车行业就有着上万亿元的市场容量。而有些行业却是小众化市场，如同园林盆景精致而美丽。比如，生产单晶或多晶光伏电池板时，必须要用到关键性材料铝浆，虽然缺少铝浆光伏板就生产不出来，但用量极少，全球一年需求也就是几十亿元，市场容量相当有限。尽管这类小众化企业的利润率非常高，资产质量相当好，但成长的空间和速度有限，很容易碰到行业天花板，属于"小而美"的典型，只能成为"小河里的大鱼"。

没有价值的成长就缺乏任何意义，没有成长的价值就是价值陷阱。这种长不大的"侏儒"型企业就是价值投资的天敌，不是时间的朋友，而是时间的敌人。所以在投资决策过程中必须考虑行业的市场空间、企业的增长速度、成长的可持续性等因素。如果只看经营基本面，投资了"小而美"企业的股票，很容易面临长不大、涨不快的局面。

2. 估值过高的股票

股市有句调侃的话叫作"问君能有几多愁，恰如满仓中石油"。话虽有些戏谑成分，却是意义深远。有些股票属于当时的"风口股"，甚至是"妖股"，买入时股价已被炒得很高，未来业绩已被严重透支，加上趋势发生深刻变化，不要说股价继续上涨，恐怕连解套都会成问题，买入高估值的股票本身就是一种错误。

在投资活动中，可怕的事情既不是买在相对高位，也不是暂时浮亏。任何买入的行为都要做好买后就暂时浮亏的心理准备，基本面优秀且业绩高增长的股票会很快填平高估值，使估值返回到合理区间，即使输了时间，也不会输本钱。如果不幸买入高价股，也要找准时机卖出一部分，先把本金收回来。只要有足够的耐心，这些股票的股价还会不断创出新高。

基本面平庸且成长性偏弱的股票，如果买在相对高位，也许很长时间都解不了套，甚至会有退市风险。比如，曾经风光无限的乐视股票，让多少投资者都血本无归。一旦不幸买入这类股票，则既输时间又输本钱，还是尽早认赔卖出为好。

3. 周期性股票

钢铁、有色金属、生猪等行业具有强烈的周期性特征，这些企业的股价波动受到行业自身周期性因素和股市大盘波动的双重影响，在行业的衰退周期，不可能表现出成长性。

如果没有对这些行业周期性波动规律进行深入研究，掌握其周期性变化的规律，投资时没有踩准周期变化的节奏，无论是在行业繁荣阶段股价高涨时盲目追涨，还是在衰退阶段股价下落时着急抄底，都会需要几年时间进行解套。当股价下落到行业周期的低点，又将迎来从复苏到繁荣的高光时刻。

4. 受管制的行业

粮油、电信、电力、传媒、金融、公用事业等涉及国计民生、社会安定的行业及相关企业虽然具有一定的市场垄断性，但其企业发展规划、产品或服务的价格受到政府的严格管制，社会效益占据第一位，经济效益反而是第二位的。

由于受到政府的严格管制，缺乏市场的自主性，这些企业的成长性不可能表现很好或长期良好，股价也不可能涨幅较大。如果买了这些公司的股票，尽管资产质量优秀、业绩平稳增长、现金流量充裕，也只能着眼于收益分红，类似高级债券。

如何才能避开成长陷阱？最好的办法就是以一颗平常心来思考生意的商业模式，以及影响这种商业模式的相关影响因素，具体观察近几年来企业经营业绩的增长情况，不能为了发现成长股而定义成长股，否则，很容易被"风口来了鸡犬升天"的表象所迷惑。

（三）信息陷阱

在当今信息社会中，投资人面临的不是信息短缺的问题，而是信息过量、良莠难分、真伪难辨的难题，很多时候犯错误的原因不在于信息收集不全，而在于心理上的选择性偏见，做出了信息误判，从而导致投资决策失误。

如何才能避免信息陷阱？需要持有"听意见、无成见、有主见"的冷静、平和的心态，采取三个步骤来辨别信息真伪。

第一，听意见。古人讲"偏听则暗，兼听则明。"为了纠正认识上的偏差，弥补决策上的不足，改进方法上的缺失，投资者需要广泛收集信息，虚心听取正面、反面、内部、外部等各方面的意见，集众人之智，聚各方之谋。

第二，无成见。必须放下各种定见、偏见等心理定势，不能先形成主观意见，再来选择信息加以验证其合理性，对相同的意见如获至宝，对不同的意见嗤之以鼻，这样就会犯选择性偏见的毛病，做出错误的决策。

第三，有主见。做人不能没有主见，处事不可没有决断，盲目自信是固执，偏听偏信是糊涂。必须对收集到的各种信息进行筛选，赋予信息权重，以此识别哪些是主要信息，哪些是次要信息，哪些是真知灼见，哪些是杂音噪声，甚至是误导和圈套。只有对信息有了明确的分析和判断，才能形成自己的主见，从分析研究转变成投资决策。

信息本身并没有立场或观点，观察和评估的角度才决定了信息的取舍方式。只有保持着理性、诚实和常识，克服贪婪和恐惧的心理，不断地学习和思考，不断地评估和修正，不断地论证和总结，才能判断出哪块云彩真正会下雨。

第四章 把握社会发展大局

社会发展大局与股市变化存在着很大的因果关系，股市长期繁荣要看社会经济的持续增长动能，股市短期波动与经济政策、货币政策紧密相关，投资股市不可能不考虑社会发展的相关因素。同时，社会发展又非常复杂，涉及政治、经济、科技、政策、军事、文化等诸多要素，因此，必须化繁为简，重点从经济、科技、政策这几个与股市变动密切相关的领域展开分析。

一、经济周期

万物都有周期，历史经验表明，在追逐财富的道路上，个人努力的作用远小于经济周期的作用，只要在关键历史时机做出最正确的选择，并且能够顺势而为，就会起到"四两拨千斤"的效果。投资收益的90%以上是由大类资产的配置结构所决定的，买哪一类资产比具体买什么、什么时候买更重要。在不同的经济阶段，各类资产的表现完全不同，这就是所谓的经济周期和资产轮动。可以这样讲，经济周期决定了大类资产的选择问题，这就是股票投资的前提。

（一）把握经济周期的节奏

1. 康波周期

康波周期的核心观点认为，全世界的资源商品和金融市场会按照50～60年为一个周期进行波动。该理论将整个经济周期分成四个阶段，前10年是复苏期，接着20年是繁荣期，后面10年是衰退期，最后10～20年是萧条期，当前处于从1990年至2040年或2050年的康波周期，位于繁荣期与衰退期之间。

一个康波周期大致由5～6个中周期组成，每个中周期历时10年左右。比如，1997年东南亚金融危机，2007年底美国的"次贷危机"，2018年中国股市的非理性下跌。依此类推，下三次中周期危机会不会在2028年、2038年、2048年前后爆发，有没有可能与大周期的萧条期重合共振，这就需要密切观察并加以重视和防范，提前做好各方面部署。

康波周期50到60年，这就意味着很多人一生只赶上一次康波，人生的财富积累根本还是来源于资产价格的投资。从某种意义上讲，人出生在康波周期的那个时点，就注定了其一生的经济轨迹。有人说，人生发财靠康波，财富由康波注定，康波周期就是人生的财富周期。

投资的本质亦随经济周期而动，掌握了周期原理，在正确的时间点布局合适的资产，也就掌握了财富增长的密码。比如，国际上巴菲特、索罗斯等投资巨头的出现，国内房地产企业、互联网企业的快速兴起，都是处于康波周期的复苏和繁荣阶段，踩准了经济周期的节奏，站上了时代发展的潮头，可谓时势造就英雄。

2. 美林投资时钟

康波周期内部大周期套中周期、小周期的观点构成了美林投资时钟的理论基础。美林时钟理论将资产价格、行业轮动、经济周期联系起来，通过经济增长和通货膨胀两类指标来判断经济周期。经济有上行和下行两种状态，通胀有走高和走低两种状态，通过两两组合，就可以把经济周期划分成衰退、复苏、过热、滞胀四个阶段。对应的结果就是：经济下行加通胀低迷就是衰退，经济上行加通胀低迷就是复苏，经济上行加通胀走高就是过热，经济下行加通胀走高就是滞胀。

根据逆向投资思维，衰退期往往经济萧条、投资者信心不足、股市价格低迷，就是大规模建仓的好时机；过热期往往经济繁荣、投资者信心十足、股市价格高涨，就是清仓的好机会；复苏期可以加仓，滞胀期进行减仓，以此完成一轮投资活动。经验表明，股市一般在宏观经济面见顶之前3～6个月见顶，在宏观经济面见底前3～6个月见底，需要规划好一定的提前时间。

（二）经济增长的衡量指标

经济周期看似简单，实则非常复杂。什么时候经济上行？什么时候通胀低迷？如何才能准确判断所处的经济周期？可以使用以下几个指标进行分析和判断。

1. GDP 增速

GDP 是一个国家、地区在一定时期创造的经济总量，由投资、消费、净出口构成，即所谓的"三驾马车"。中国的 GDP 增速呈放缓趋势，当前年均增长率保持在 5%～6% 的水平。在正常情况下，没有天灾、疫情、战争等不可控、突发性因素的影响，GDP 增速大于 6%，到了 7%、8%

甚至更高水平可以理解为经济过热；GDP 增速小于 5%，甚至是负增长，可以理解为经济衰退或萧条。

2. PMI 指数

PMI 全称是采购经理人指数，反映的是上游原材料价格的通胀情况。解读非常简单：一看绝对值，高于 50 说明经济走强，低于 50 代表经济走弱；二看相对值，指数上升代表经济走强，指数下降表示经济走弱。以此可以判断经济处于过热还是衰退周期。

3. 社会融资总量

社会融资总量就是全社会一共融了多少钱，涵盖的范围非常广，房贷、企业贷款、发行债券、上市融资都可以计算在内。这就意味着社会融资可以准确地反映实体经济的资金需求，成为预测未来实体经济增长的重要指标。

社会融资总量增加，意味着企业融资需求量提升，接下来投资、生产、消费活动就会变得更加旺盛，经济步入复苏和过热周期；反之，表示企业融资积极性不高，生产趋于衰退，经济进入衰退和萧条周期。

4. CPI 指数

CPI 就是居民消费价格指数,是评估下游消费品价格通胀水平最为关注的指标,可以看成预测未来货币政策变化走向的一个变量指标。一般来说以 3% 为界限,高于 3% 可以认为经济有所过热,接下来可能就是紧缩政策,回收流动性;低于 3% 则意味着温和通胀或银根偏紧,货币政策将可能有所扩张,释放流动性。

(三)经济上行阶段投资策略

经济上行持续增长可以分成复苏和过热两种状态,复苏表现为经济上行、通胀下行或保持温和;过热则是经济上行,但通胀居高不下。在相应的经济阶段,不同板块的股票会呈现明显的轮动特征,需要采取针对性的投资策略。

1. 复苏初期——金融股

经济复苏初期与经济萧条的末期相连接,这个阶段应关注银行、保险等金融股。无数事实证明,几乎每一轮牛市最先启动的都是金融股,其中有几个原因。

第一,经济复苏初期货币政策较为宽松,资金成本相对低廉,有利于降低金融企业的负债成本，金融企业的流动性宽裕、银根宽松，意味着挣钱的机会更多。

第二，复苏阶段经济开始活跃，企业融资扩张的意愿比较强烈，这将直接导致金融企业的业务范围和收益率的提升，扩大企业的营业收入和利润。

第三，经济复苏使得股票发行、债券发行、企业并购等活动增加，有利于金融企业增加资本中介、证券包销等业务收入。

2. 复苏中期——周期股

经济复苏中期一般表现为GDP增速加快，PPI开始回升，CPI依然保持在低位，这个阶段应重点关注建材、钢铁、有色金属、能源、工程机械等周期股。这些股票一方面得益于经济需求回暖带来的产能扩张，另一方面受益于产能缺口带来的产品价格回升，量与价的同时改善，增加企业的收入和利润。

周期股一般分成三大类：一是和房地产有关的水泥、建材、建筑行业；二是和基建直接相关的钢铁、有色金属等；三是和制造业相关的工程机械、重型机械等产品。经济复苏一般先从房地产开始，拉动水泥、钢铁、陶瓷等建材生产，房地产复苏将增加地方政府的土地出让金，政府有了钱就会增加基建投资，房地产和基建投资进一步带动钢铁、有色金属、工程机械的市场需求。周期股的基本顺序是建材、建筑先行，随后是钢铁、有色金属持续上涨，然后是机械等相关制造业板块。

3. 复苏后期——科技股

经济复苏后期表现为PPI增长乏力，CPI相对温和，经济继续保持上行，整个市场的风险偏好就会提升，这个阶段表现最好的是成长性的科技股。

4. 经济过热阶段——消费股

当经济持续增长，PPI高位徘徊，CPI上升，通胀压力从上游原材料端传递到下游消费端的时候，经济就会处于过热阶段。由于这个阶段经济活跃，就业率较高，消费者的收入有所增加，物价上升有利于提升消费类企业的利润，因此，可以关注食品饮料、汽车家电、珠宝首饰等各类消费股，通过投资消费类股票分享物价上涨带来的收益。

（四）经济下行阶段投资策略

经济下行阶段主要就是指衰退和滞胀，两者的共性都是经济增速下滑，景气程度不高，投资意愿不强，企业经营状况不佳，只不过衰退期是通胀下行，滞胀期是物价上涨。总体来讲，经济下行阶段股票投资机会不多，但各个阶段也有其相应的特点，股票配置也应采取适应性的调整策略。

1. 衰退初期——减仓观望

在衰退初期，企业盈利能力下降成为制约股市的最大障碍，此时股票配置价值较低，其中有三点原因：一是经济下行导致投资、消费需求萎缩；二是产能严重过剩，企业的市场竞争压力加大；三是产能过剩进一步压低产品销售价格，挤压企业的利润空间。

这些情况导致企业的经营基本面恶化，股市缺乏信心，基本上处于大熊市。只有一些结构性的机会，投资者以减仓观望为主，不宜进行大规模投资。

2. 衰退后期——金融股

当经济衰退到一定程度之后，政府为稳定经

济增长会采取一些刺激性政策，出台积极的财政政策和宽松的货币政策，金融体系内的流动性骤然增长，这就是所谓的"衰退式宽松"。

在正常年景中，如果货币宽松，资金就会流入实体经济。但在经济衰退阶段，金融机构不愿把钱贷给实体企业，所以大量资金沉淀在金融体系内空转，进入股市、楼市、债市等资本市场，经济出现"脱实向虚"的情况，形成了"水牛"。从股票市场来看，这个阶段资金面的持续宽松最有利于金融股。

3. 滞胀阶段——防守避险

由于衰退后期的"衰退式宽松"释放出大量的流动性，经济却尚未恢复增长，表现出经济增速缓慢、物价快速上涨的局面，这就进入了滞胀阶段。这个阶段的投资策略的核心是避险，只做一些防守型的投资，配置一些需求弹性较小、周期性因素干扰较弱的股票，具体有三类股票值得关注。

一是食品、饮料、医药、农产品等生活必需消费类股票。这些行业需求弹性较小，逆经济周期能力很强，与居民生活息息相关，无论经济形势好坏与否都不可缺少，即使在滞胀阶段，其收益能力也可以对抗通胀。

二是符合长期大趋势的股票。比如，在人口老龄化持续深入的年代，从长期看投资生物医药股是很有价值的。

三是电信、电力、公路等公用事业股票。这类股票现金流稳定，股息分红率较高，基本不用考虑经济周期因素，完全可以当成高级债券长期持有，完全有能力抵御通胀的压力。

以上所述只是一个简化的周期投资方法，以供在投资操作中参考应用。在实际操作中，还需要考虑到国家政策、风险偏好、银根松紧、市场情绪等诸多因素。只有通过综合评估，才能做出准确的周期判断和投资决策。

二、流动性松紧程度

有人说股市是经济的晴雨表，这话不无道理。股市更准确地说是流动性的晴雨表，股价波动最本质的原因就是资金运动。资金涌向哪个行业或企业，哪个行业或企业的股价就会上涨。资金从哪里来？原因是多方面的，从宏观经济角度来看，资金来源于政府释放的流动性。

（一）流动性来源

什么是流动性？通俗来讲就是市场中钱的供求数量。央行决定了货币供应量，实体经济决定了货币的需求量，供给和需求交织在一起就决定了流动性的松紧程度，进而影响股市大盘的走向。流动性作为决定股市走向的核心因素之一，其宽松或紧缩程度与国家的财政政策和货币政策密切相关。财政政策决定了政府的投资方向和规模，货币政策决定了民间投资的规模，两者都代表着流动性宽裕的程度，都是影响股市短期波动的重要因素，特别是货币政策确定了经济扩张或紧缩的整体基调。对于投资者来讲，央行的货币政策和流动性环境都是不可忽视的宏观经济变量。

货币政策的首要问题是要确定政策的整体基调，一般可以分成扩张性、紧缩性、中性三种状态。扩张性政策一般在经济衰退时使用，增加货币供应，降低利率，有利于股市上涨，市面上钱多了总要有地方去，所以每一次大牛市都有货币宽松的影子，比如2015年的大牛市被称为"水牛"。紧缩性政策一般在经济过热、通胀过高时采用，就是减少货币供应，提高利率，往往导致股市的大跌，比如2018年股市的非理性下跌就与"去杠杆"政策相关联。中性政策就是货币供应既不宽松,也不收缩,保持总量平衡,只是进行适度微调,也就有了中性偏紧、中性偏松等状态。

(二)流动性评估指标

流动性宽松或紧缩的阀门控制在中央银行和财政部手中,如何评估其松紧程度?可以用到以下几项指标。

1. 利率

利率表示资金的使用成本,与流动性呈反比关系。央行减息调低利率释放流动性,市面上钱多了银根就松,股市上扬;央行加息提高利率回收流动性,市面上钱少了银根就紧,股市自然下跌。

不同的行业对于流动性的敏感程度存在较大差异,对于利率变化有着不同的反应。地产、银行、保险、券商、汽车、能源、电力、冶金、航空等资产负债率较高、资产周转率较慢的重资产行业对于利率变化相当敏感,利率的上升或下调对这些行业的利润产生重大影响;而互联网、传媒、商贸、医药等资产负债率较低、资产周转率较快的轻资产行业对于利率变化就不那么敏感，利率变动对其经营业绩的影响力较小。

2. 法定存款准备金率

银行吸收社会存款，需要将一定比例资金上缴央行作为保险金，这个比例就是法定存款准备金率，与流动性呈反比。央行可以通过调节这个比例影响银行信贷扩张能力，提高法定存款准备金率意味着银行可贷资金减少，市面上银根紧缩，股市下跌；降低法定存款准备金率意味着银行可贷资金增加，市面上银根宽裕，股市上涨。

3. 广义货币供应量（M2）

广义货币供应量（M2）作为反映货币供应量的重要指标，是指流通于银行体系之外的现金加上企业存款、居民储蓄存款以及其他存款，包括了一切可能成为现实购买力的货币形式。

从国内近10年的宏观数据分析，大致以10%增速作为分界线。大于10%可以认为流动性相对宽松，如果大于13%甚至更高水平可以理解为超级宽松，政府在加杠杆，比如2015年M2平均增速为13.3%，产生了大牛市。如果小于10%可以理解为流动性相对紧缩，如果在8%左右甚至更低水平可以理解为超级紧缩,政府在去杠杆,比如2018年M2平均增速为8.2%,股市产生非理性下跌。

有一个公式"M2-GDP-CPI=?"可以大致衡量货币政策的宽松程度,即M2增速减去GDP增速,再减去CPI的增速。如果这个值大于0是正值,说明货币政策比较宽松,市面上银根较松,对股市比较友好;如果这个值小于0是负数,说明货币政策比较紧缩,市面上银根较紧,股市环境比较严峻。

4. 汇率

汇率是指一国货币与另一国货币的兑换比率。比如说,美元兑人民币的汇率是6.45∶1,就表示1美元可以兑换6.45元人民币。汇率的变动受到货币政策、国际贸易、央行干预、外汇储备、国际收支平衡等多重因素的影响。

如果落实到股市中,货币政策宽松将会导致汇率贬值和股市上涨,有利于刺激出口贸易,利好家电、食品、饮料、电子、纺织、机械等出口比重较大的行业,但同时汇率贬值又意味着原材料、能源等进口商品价格的上涨,对于钢铁、有色金属、交通运输等行业则相对不利。反之,货币政策紧缩将导致汇率升值和股市下滑，有利于进口而不利于出口，对于出口比重较大的行业相对不利，而依赖于原材料、能源进口的行业则相对有利。

5. 公开市场操作

经常可以看到央行公开市场操作的新闻，其实包括回购和逆回购在内的公开市场操作是央行最直接、最常见的流动性调节手段。

回购就是当市场上货币过多、流动性过剩时，央行将有价证券（一般多为债券）卖给商业银行等金融机构，从市场收回流动性的操作，回购可以看成央行回笼资金，收紧银根，将导致股市大盘的下跌。反之，逆回购就是当市场上流动性紧缩，银根较紧时，央行从商业银行等金融机构手中买回有价证券，向市场上投放流动性的操作，逆回购就是释放资金，放松银根，这将有利于股市上涨。

6. 其他调节工具

除了上述几项货币调节工具之外，近几年来央行创新了常备借贷便利（SLF）、中期借贷便利（MLF）、短期流动性调节工具（SLO）等调节工具。但这些工具及操作行为只能影响短期的股市波动，而利率、法定存款准备金率、M2 则对股市运行产生较为长期的影响。

三、科技创新

一位伟人曾说过，科学技术是第一生产力。纵观人类工业文明进化过程，18 世纪末开始的第一次工业革命（工业 1.0）的主要标志是蒸汽机的广泛应用，人类进入"蒸汽时代"；20 世纪初开始的第二次工业革命（工业 2.0）的主要标志是电气化，人类进入"电气时代"；20 世纪 70 年代开始的第三次工业革命（工业 3.0）的主要标志是标准化、自动化；当前人类正在逐步进入工业 4.0 时代，走向数字化、智能化。每一次工业革命都是生产力和生产方式的巨大进步，都会产生一批时代性的伟大企业，而做投资就是要契合科技创新、产业升级的发展动态，投资时代性的企业，享受时代性的红利。

（一）创新动力

减轻劳动强度，提高生产效率，创造更多财富，享受美好生活，这是人类内心深处最基本、最原始的创新动力，这也是社会不断进步、经济持续发展的源泉。结合当前的现实情况，促进科技进步，实现产业升级，也有以下因素。

1. 国际产业分工

从国际产业分工来看，美国依靠美元的"铸币权"成为一个金融业国家、消费型国家，处于国际产业链的顶端；中国、德国、日本、韩国、印度等国家是制造业国家，输入能源和原材料，输出工业制成品；俄罗斯、巴西、加拿大、澳大利亚、中东产油国等国家依靠丰富的自然资源成为资源输出型国家。在金融业国家、消费型国家、制造业国家、资源型国家组成的全球经济生态圈中，中国的角色定位是一个制造业国家，这是一个短期内很难改变的现实。

2. 中美竞争不断加剧

中国要伟大复兴，美国要维持霸权，客观上中美两国必然成为战略竞争对手，中美博弈将在未来长期存在。为了遏制中国崛起，美国通过制裁中国企业、加强出口商品管制等各种手段卡中国的脖子。缺少核心技术、关键零部件和加工设备，可以让上万亿产值的产业停顿下来，造成巨大的经济损失。国内外无数事实证明，核心技术是不可能花钱买得到的，必须牢牢掌握在自己手中，否则关键时刻就会受制于人，被人卡住脖子，就像在流沙上建房子，房子建得再漂亮，也会因地基不牢固而经不起风雨。

虽然发展房地产、金融、服务等行业投入少、见效快，可以快速做大经济规模，但规模大、数量多并不意味着结构好、质量优，要从中国制造发展到中国创造，提升科技水平、培育高技术产业是必然途径。可以预见，政府一定会以更大的热情、更强的力度扶持基础科技研究、孵化产业应用，培育自身的"硬核"科技能力，实现核心技术的自主可控。

3. 人口红利消失

中国经济最大的优势在于门类齐全的工业体系、完整的产业链和巨大的国内消费市场，制造业结构与美国、日本、德国等发达国家形成互补关系，与印度、越南等发展中国家形成竞争关系。

普通制造业的竞争优势在于成本，面临的最大竞争对手是南亚、东南亚的发展中国家。这些国家拥有近20亿人口，产业大军主体都是农民工，而且他们的农民工更年轻、更廉价，发展普通制造业的潜力相当可观。而中国面临着人口老龄化、劳动力成本持续上涨的趋势，再加上能源、资源、环保等方面的条件限制，很难在低成本方面长期保持优势。

高端制造业的竞争优势在于技术和创新，中国有着世界上最为完整的工业门类体系，拥有庞大的工程师队伍，具备技术创新、产业升级的潜力。以创新为驱动，大力发展高新技术产业，实现中国制造向中国创造转变，中国速度向中国质量转变，中国产品向中国品牌转变，成为中国经济必须的战略选择。

（二）创新领域

1. 产业领域

从国家颁布的"中国制造2025"、新基建等纲领性的文件来看，政府将大力推动十大重点领域取得突破性发展：新一代信息技术产业（5G）、高档数控机床和机器人、航空航天装备、海洋工程装备及高技术船舶、先进轨道交通装备、节能与新能源汽车、电力装备、农机装备、新材料、生物医药及高性能医疗器械。

由此可见，科技创新、产业升级不仅仅局限于制造业和数字化、信息化的嫁接与升级，更是指信息化与工业、商业、金融业、服务业等其他相关产业的全面融合,是数字化应用方面的全面创新,创造出一种全新的生产经营模式,极大地提升生产经营效率。

2. 产业特征

无论是新兴的高科技产业,还是传统产业的数字化、信息化升级,都将逐步运用"个性化定制+智能化设计+柔性化生产"的方式,体现出工业4.0阶段的一些特征,具体表现为以下八大特征。

第一,"数"就是数字化。要求设计、制造、管理的环节都要实行数字化,这是高端制造的核心所在。

第二,"精"就是精密化。产品、零件的加工精度、检测精度越来越高,向纳米级发展。

第三,"极"就是极度化。不仅是要求产品性能能够适应高温、高压、高硬度、高耐磨、高腐蚀等极端工作条件,还要求产品形体能够符合极大、极小、极厚、极薄等苛刻条件,这是前沿科技产品发展的一个焦点。

第四,"自"就是自动化。要求设计、制造、服务等各个环节实现自动化。

第五,"集"就是集成化。通俗而言就是综

合或杂交，取人之长，补己之短，包括现代技术应用的集成，加工技术的集成，以及生产管理的集成。

第六，"网"就是网络化。一是指企业利用内部的信息化网络，在产品设计、制造、管理等业务流程中充分共享相关的制造资源；二是指企业抛弃"小而全""大而全"的传统经营方式，形成生态化经营模式，有机整合企业外部资源。

第七，"智"就是智能化。要求集自动化、集成化、智能化于一体，并且是具有高科技水平的先进制造系统。

第八，"绿"就是环保化。体现物质文明、精神文明和生态文明的高度融合。

以上八大特征可以用八句话来概括："数"是核心，"精"是关键，"极"是焦点，"自"是条件，"集"是方法，"网"是道路，"智"是前景，"绿"是必然。

（三）投资策略

投资就是要着眼于未来，从科技创新、产业升级的趋势以及工业 4.0 阶段的八大特征进行分析和预测，可以从以下几个方面进行投资选择。

1. 行业内的龙头企业

这类企业的市场占有率、企业经营效益已经在行业中占据了一定的优势地位,投资此类"白马"企业更为看重其行业地位和规模优势,期望强者恒强。

2. 发展最快的"黑马"企业

这类企业能够从小到大、从弱到强、后来居上,拥有快速成长的能力,往往意味着这类企业具有强大的技术研发水平,强大的市场开发能力,发展的前景不可估量。

3. 处于产业链核心环节的企业

这类企业之所以能够控制行业内的其他企业,获取行业最为丰厚的利润,往往处于行业"二八分成"的关键环节,凭借着技术、工艺、原材料、品牌等优势资源,做到以小制大,以虚控实。

4. 具有核心技术能力的企业

中国的一些行业和企业之所以受制于人,关键问题就在于缺乏核心技术能力,这些核心技术往往在于上游的原材料、零配件、元器件、加工设备等领域。比如,5G通讯产品的核心在于芯片,航空发动机的核心在于材料。有些企业所谓的核心技术其实谈不上核心和关键，最多只能说是特长和窍门，经不起实践的检验。这就需要投资者充分了解行业，练就一双去伪存真、慧眼识珠的火眼金睛，从上游的核心环节、关键技术方面去寻找投资标的。

5. 专精特新的"小巨人"企业

这类企业往往具有一定的核心技术能力，拥有拿手的绝活，成长的空间极大，足以成为行业内的隐性冠军，带来丰厚的投资收益。

四、政策影响

政策对股市产生巨大的干预作用，在全球任何国家都概不例外。政府掌握着社会主导资源，对于经济运营的干预能力非常强大，千万不要低估政策的威力，必须关注政府的政策及其动态。政府支持某些行业的发展，给予税收减免、财政补贴等优惠政策，就会促进行业的发展，形成各种投资主题。比如，新能源汽车、光伏、半导体等行业的快速增长就与政策支持、财政补助、税收优惠等扶持性政策紧密相关。反之，政府制约或规范某些行业的发展，就会影响相关企业的经营活动和股价表现，见识过一些行业的整治威力，就会明白"没有什么是大而不能倒的"。比如，互联网行业"反垄断"，一些互联网巨头首当其冲；教育培训行业"反内卷"，"双减"政策使教育资本接近"团灭"；房地产行业"反炒房"，开发商、中介、银行、炒房团等所有领域几乎没有漏网之鱼。

同时，政策又会形成诸多投资主题。比如说，一带一路、粤港澳大湾区、军民融合、美丽中国、乡村振兴、健康中国、碳达峰和碳中和等。面对着如此之多的投资主题，如何进行评估与投资？需要采取以下几项办法和措施。

（一）选择优质主题

既然政策性投资主题这么多，就必须从中精选优秀的主题，其中需要考虑几个要素。

第一，具有强大的战略性和现实性意义，自上而下推动的意愿非常强烈，这个主题既有现实性可以马上实施、立马见效，迅速拉动相关行业和企业，找到投资热点，同时又可以持续相当长的时间。

第二，主题想象的市场容量很大，发展潜力巨大，能够打开市场发展的空间，并且可以持续很长时间。

第三，政策颁布、主题事件公告等催化性事件能够持续强化投资主题，积极调动市场投资情绪，进一步拉长投资周期。

（二）确定投资周期

主题周期一般要比经济周期、产业周期的持续时间来得短，并且与行业和企业绩效、市场信心紧密相关。主题投资含有一定的炒作成分，资本的特点是追逐风口，投资热情持续时间比较短，业绩和股价不会对等，一般只能持续几个月时间，必须把握好投资的周期。

（三）精选优质标的

在一个投资主题条件下，驱动力并不会相差甚远，可供选择的投资标的并不多，在具体选股方面，大致有以下思路。

第一，选择与主题相关性最强、代表性最高、受益面最大的行业龙头股票。由于龙头股票与投资主题关联度较高，并且本身就是行业的龙头企业，最有可能站上风口，成为最受益的股票。

第二，选择行业细分市场内的"小巨人"。

任何伟大的企业都遵循着从小到大、从弱到强的发展轨迹，行业细分市场内的"小巨人"有可能发展成为该行业的参天大树，其高速成长性所带来的价值增值空间不可估量。

从资产配置的角度来看，行业的头部企业可以配置 30%～40% 的比重，细分市场内的"小巨人"企业可以配置 50%～60% 的比重，通过合适的投资比例来兼顾安全性、稳定性和成长性，既拥有稳定的投资回报率，又享有价值的高速成长空间。

第三，从历史数据寻找受此主题刺激涨幅最高的股票。投资者不是神仙，不可能未卜先知、精准预见，提前埋伏于这几只龙头股票。因此，要对历史上受益过的主题龙头股票，给予耐心持续跟踪。

（四）选择好的投资时机

一般来讲，做主题投资有两个最佳时机：一是流动性上升期，流动性宽松有利于整个股市大盘的上扬，也有利于做主题投资；反之，流动性收缩阶段则不利于主题投资。二是市场风险偏好的上升期，市场风险偏好上升意味着投资者的积极性提升，股价有超越内在价值的发展趋势，容易出现持续时间较长的主题投资行情。

在操作方式上,可以采取分批买入和卖出的方式。最为理想的方式是前瞻性布局,但在实际操作中很难有此预见,当政策主题出台之后,先买一些主题龙头股票以观后效。如果后续的政策利好不断释放,主题空间不断扩大,可以适当增加投资;如果后续并没有出台更多的利好政策,也许该主题的周期较短,可以考虑见好就收,落袋为安。

(五)选择好的退出时机

任何形式的浮盈都是纸上富贵,只有通过卖出交易才能将账面财富转变成实际财富,否则这笔财富并不存在。在做主题投资时,可以选择三个时间点作为退出时机。

第一,主题的逻辑并不明确。有些主题过于偏向宏观,标语性、口号性内容较多,实质性内容较少,对行业的政策驱动力不足;或者是过于超前性,提出一个大的发展方向,缺少具体可实施的落脚点;或者是实施面太多、太广,缺乏聚焦性,很难找到具体的可操作的行业。而对此类情况,只能是一时炒作,很快会偃旗息鼓。

第二,主题龙头企业股价基本见顶。龙头

企业最能体现主题投资的核心逻辑,这些企业的见顶下行有着强烈的预警作用,将给新参与者和增量资金发出信号,预示着这一波主题行情即将结束。

第三,后续政策刺激弱化。根据经济学边际效用递减的原理,主题投资需要持续性的一波又一波政策利好刺激,而且后续的刺激力度要比前一波更强大,这样才能起到良好的催化剂作用,维持该主题的投资热度。如果后续配套政策力度不大或间隔时间过长,就会降低投资者的风险偏好和投资热情,行情往往会告一段落,这就是退出获利的时机。

第四,增长发展趋势变弱。当一个企业的业绩增速呈现放缓的趋势,从高速增长转为平稳增长,这就意味着投资的黄金时段已经过去,应当考虑卖出股票。这种增速放缓趋势一般来自两个方面。

一是企业外部环境变得不适合高速成长。比如,行业市场需求空间趋于饱和,从增量时代转入存量时代;行业市场竞争格局趋于稳定,很难再有"黑马"出现的机遇和空间;政策导向发生根本性转变,从鼓励增长的行业变成限制发展的"去产能"对象;受到资源供给瓶颈,或者技术研发很难取得重大突破，难以再上新的台阶，逐步从新兴产业演变成传统产业。如果企业面临这些外部环境，意味着其高速成长阶段基本告一段落。

二是企业内部因素不适合高速增长。比如，企业内部战略方向不明确，找不到新的经济增长点；企业股东之间争权夺利、矛盾重重，经营管理效率下降；企业的资源和能力有限，无法支撑起新的发展等。如果企业面临这些内部难以克服的困难，则表明企业将从卓越走向平庸，就要考虑卖出股票。

第五章 行业挑选

任何企业都是在一定的宏观经济环境及行业环境中生存和发展的,都是处于某个行业内的一个或几个细分市场之中。相比宏观经济环境,行业环境对于企业经营的质量、绩效、前途的影响力更加直接、显著和深远。

股票投资就要选择好的行业、好的企业,也就是要选好赛道、选好选手。能否选到最好的选手还有一定的偶然性,选错了赛道则是必然性的错误。选择好的赛道就是要去寻找未来增速高、壁垒高、门槛高,并且还没有被发现的一些优质细分赛道,在这些赛道中将会找到很多隐形冠军。这就是"长坡厚雪"理论,即要选择一个长长的坡道,坡道上有厚厚的雪,这样才能滚起大大的雪球。

一、行业大致分类

行业有很多种分类方法,最传统的就是国民

第五章 行业挑选

经济核算中划分的三大产业：第一产业是农林牧副渔，第二产业是采掘业、制造业、建筑业，第三产业是交通运输、餐饮住宿、金融、信息等服务业。2019年3月25日，国家标准化管理委员颁布的《国民经济行业分类》（GB/T 4754-2017）将国民经济产业分类为20个门类、97个大类、473个中类、1380个小类，各个产业及细分类别都有标准化的定义和分类。

一些券商从股票投资的角度出发，按照行业各自的风格属性，分成金融、周期、消费、成长、稳定五大类，不同的行业，在不同的时间节点，表现差异相当显著。也有一些投资者从产业变化的角度将行业简单分成两大类：一是世界改变不了的行业；二是改变世界的行业。前者如食品饮料、金融保险、公用事业、交通能源等传统产业，只要世界还存在，衣食住行等消费行为就会持续产生，就会提供长期而稳定的需求量，投资这类赛道，无疑更容易获得稳定的收益，适合于稳健型投资。后者如新型医药、互联网、高新科技等足以改变世界的新型产业，具有高成长性，适合于激进型投资。两者互相搭配，构建起防御和进攻相协调的投资结构。

行业分类是投资工作的前提，是一门必修的

功课。从股票投资角度来看，无论行业如何分类，进入行业内部进行细分市场的研究，找到投资活动的出发点和落脚点，才会显得更具有现实意义。

二、行业分析方法

面对一个陌生的行业，如何从纷繁复杂的现象中找到行业的主干和框架，快速了解该行业？然后再从框架中寻找最为合适的细分投资领域，即通常所说的赛道？这就需要掌握一定的方法和技能。

（一）发展前景分析

投资活动是立足当前，着眼未来，必须要对行业的发展前景有所了解，把握其发展的趋势，可以从产业的长期、中期、短期这三个角度进行分析。

1. 长期角度

从长期视角来看，行业分析必须考虑到人口周期、经济周期、技术周期等周期性因素。从人口周期来看，国内人口老龄化是不可改变的趋势，随着人口红利的消失，劳动密集型产业就会失去比较优势，同时医药、医疗、保健、消费领域将会迎来长期发展机会。从经济周期来看，我国的经济增速正在放缓，大规模的工业化、城市化基本结束，钢铁、水泥、有色金属、煤炭等重化工业，以及房产业、建筑业的黄金时代已经一去不复返。从技术周期来看，数字化、信息化、智能化引发新的技术革命，5G、互联网、物联网、人工智能、大数据、云服务、智能制造等新经济将成为拉动经济增长的动力来源。

2. 中期角度

从中期视角来看，政府的行业政策对产业的发展发挥着重要的引领作用。比如，政府对于新能源汽车的扶持政策将促进该产业爆发式成长；碳达峰、碳中和政策的出台将对清洁能源、节能环保产业的发展产生起支撑性作用。

3. 短期角度

从短期视角来看，关键要看一个行业是否符合当时的经济周期，踩准了投资节奏就有可能大获其利，踩错了节奏就有可能高位接盘，等到几年后或下一个周期节点才有可能解套。比如，生猪养殖业的周期一般是四至五年，如果投资不慎，不幸高位接盘，有可能在几年后才能解套。虽然未必会亏损本金,但机会成本、时间成本损失就很大。

(二)分析工具运用

每个行业都相当复杂,如何快速掌握行业的主要常识、竞争格局、演变趋势等基本信息,厘清该行业的主要线索,建立对该行业正确的认识,揭示相关企业的行业地位?这就需要借助美国哈佛大学商学院迈克尔·波特教授的"五力分析模型"和价值链分析工具,对行业进行横向分析与纵向分析。

1. 横向分析发现细分市场

每个行业都由不同的细分市场组成,这就需要进行市场细分、市场选择、市场竞争格局分析,具体可以采取以下步骤。

第一步,市场细分。市场细分有很多种分类方法,或者是按高、中、低端分类,或者是按产品用途类别分类,或者是按用户人群特性分类,或者按产品区域分类。这样就可以化繁为简,将一个复杂的行业分解成几个较为简单的细分市场,为下一步观察和分析打下基础。

第二步,市场选择。市场细分之后就可以观

察到行业内一些隐含的重要信息，比如说，哪个细分市场容量最大，哪个细分市场增长速度最快，哪个细分市场利润最为丰厚，哪个细分市场壁垒最高。

如何对细分市场进行初步取舍？这就由投资者的投资目的、偏好、风险承受能力等诸多要素决定，不能一概而论。着眼于市场投资规模的就选择容量最大的细分市场，着眼于股票价格上涨速度的就选择增速最快的细分市场，着眼于投资回报较为稳定的就选择利润最为丰厚的细分市场。如果兼有增长快、利润厚、门槛高、现金流量充沛等特征的细分市场，那就是求之不得的优先之选。

第三步，市场竞争格局分析。根据"五力分析模型"理论，一个行业内的竞争格局是由现有竞争者、供应商、用户、潜在的进入者、替代品这五种力量组成，可以从这五个角度对行业内的某个细分市场展开分析。

一是现有的竞争者。在该细分市场，现在主要有哪些主要的企业？这些企业的市场份额分别是多少？其产品或服务的特色是什么？竞争优势和劣势分别有哪些？哪个企业是主导企业？如果能够回答这些问题，就可以对该细分市场的现有竞争格局有着比较清晰的理解，并且能够比较准确的精选到龙头企业。

二是潜在的进入者。这个行业的主要的进入门槛有哪些？具体可以从资金、技术、品牌、渠道、制造工艺、规模经济等几个方面进行探讨。如果市场壁垒较低，那就是一个自由竞争市场，市场竞争非常激烈，企业利润率不可能太高；如果进入门槛很高，那就有可能是一个寡头或垄断市场，企业将会有稳定的市场份额和预期回报。

三是替代品。替代品大致可以分成两类：一类是技术性替代，比如数码相机替代光学相机，这种面临技术颠覆性替代的产品没有任何投资的价值，迟早走向衰亡；另一类是功能、性能相类似产品的替代，比如鸡肉、牛肉可以替代猪肉，这类替代品是投资决策时必须考虑的影响因素。

四是供应商。如果原材料、零部件等上游产品比较稀缺或技术含量很高，占据了产品成本的重要比例，甚至对下游制造商形成垄断供应优势，那么该行业的发展就会受到严重制约。

五是用户。分析任何行业都必须考虑用户

或客户对于该行业的影响力，如果下游用户数量较少，客户集中程度很高，那么这些用户就会比较强势，在行业中掌握住主动权和话语权，在某种程度上是下游用户决定着该行业的景气程度，那么投资该行业或企业就会面临着较大的风险。

以上三个分析步骤和五项影响因素可能过于抽象，可以举个女性比较熟悉的化妆品行业的例子加以形象化说明。

人们对美丽有着永无止境的追求，化妆品已经成为诸多女性必不可少的日常用品。从产品类别上，大致可以分成几类：一是护肤类产品，比如精华素、美白霜、防晒霜、保湿霜等，不仅是化妆品市场的主流，而且增长速度最快，特别是面妆、眼妆产品的销售近年来增长显著。二是彩妆类产品，比如口红、眼影、胭脂粉等，在化妆品市场中的份额不足20%，市场基本饱和，增长速度放缓。三是护发用品，比如护发素、发油、发乳、焗油膏、发蜡等，市场空间趋于饱和导致增速放缓。四是功能性护肤品（药妆），比如去痘、去痤疮、去疤痕之类的产品，因为具有特殊的功效而快速增长，成为化妆品市场新生力量。

投资

从市场格局来看，得益于消费升级大趋势，2018年中国就超越美国成为全球最大的护肤品市场，市场规模约在2500亿元，年均复合增长率在7%以上。当前，外资品牌仍然牢牢占据着国内60%左右的市场份额，欧莱雅、雅诗兰黛、迪奥等国际一线品牌占据了国内高端市场绝大部分销售额；珀莱雅、丸美、相宜本草等本土品牌只能占据中端和低端市场,而且行业集中度偏低，国内前十大公司市场占有率在40%左右。

从市场份额来看,高端市场份额在23%左右；而中端市场占比大致超过了50%，构成市场结构主体；低端产品市场份额在25%左右。市场消费日益趋向中高端，品牌驱动力非常显著，中高端产品的市场份额正在挤占低端产品的市场份额。

从消费区域和人群结构来看，国内一、二线城市仍是主流市场，中青年女性是消费的主力，近年来男士和婴童护肤品也有较快增长的趋势。行业未来大部分盈利增长将来源于三、四线城市，渠道下沉趋势明显。

从销售渠道来看，化妆品行业的传统渠道是百货、超市、专卖店。近年来网上销售成为拉动增长的主要渠道，年均增长率10%以上，网红带货、网上直播成为新型销售方式。

通过以上这些细分市场信息，从投资角度可以看到几个重点：一是投资护肤品，作为市场的主流产品，市场空间大、增速快，其中功能性护肤品（药妆）增速尤为迅猛；二是投资中端和高端品牌企业，具备市场规模大、发展趋势好、毛利率高等竞争优势；三是护肤产品的功能性差异并不显著，原材料供应方面并不存在瓶颈，品牌驱动力非常显著，品牌和渠道是企业核心竞争能力的表现，优先考虑品牌影响力大、营销渠道较为完善并且下沉力度较大的企业。

2. 纵向分析发现内在价值

行业的纵向分析有两条线索，分别是产业链和价值链。两者既有交集，也有各自的特点，都是分析行业各个环节附加值大小的重要工具。

第一，分析产业链的上中下游关系，找出附加值最高的环节。什么是产业链？产业链就是各个产业部门之间基于一定的技术经济关联性，并依据特定的逻辑关系所形成的链条式关系形态，就像一只"无形之手"支配着行业的形成和运行。从理论上讲，任何一个行业都由上游的原材料供应环节、中游的制造加工环节、下游的用户销售服务环节组成。不同的行业在不同的环节上所创造的附加值相差甚远，一些行业是上游占主导地位，另一些行业是中游或下游最具附加值，必须针对某一行业展开具体的分析。

比如，医疗美容作为新兴的健康消费行业，有着巨大的潜在市场。从产业链角度来看，该行业由上游原料器械制造和下游美容服务机构两大环节构成。上游材料主要有玻尿酸、肉毒素、胶原蛋白等，器械主要有射频美容仪、彩光嫩肤仪、吸脂机等，上游环节技术壁垒和市场准入壁垒较高，竞争者较少，盈利能力强，利润空间大。下游高度分散化，多为民营美容医院、美容诊所、美容院等，市场进入门槛低，服务同质化严重，市场竞争非常激烈，多数企业盈利能力弱。

从投资角度来看，医疗美容行业上游的材料、器械生产领域更有价值，技术含量和进入门槛高，掌握着行业主动权，更容易做大规模，并具有一定的行业垄断性。下游主要是提供医疗美容服务，市场广阔且行业壁垒小，主要依靠品牌、营销、服务能力取胜，做大规模主要采用连锁方式，处于自由竞争状态，缺少投资价值。

第二，分析价值链上下游关系，寻找价值创造最为丰厚的环节。什么是价值链？价值链就是企业生产的产品或服务增值的环节或链条，每个环节都增加了产品或服务的价值。在企业的生产经营活动中，材料供应、产品开发、生产运行可以被称为"上游环节"，成品储运、市场营销和售后服务可以被称为"下游环节"。上游环节经济活动的中心是产品，与产品的技术特性紧密相关；下游环节的中心是顾客，成败优劣主要取决于顾客特点。无论是生产性还是服务性行业，企业的经营活动都可以用价值链理论进行分析，但是不同的行业价值的具体构成要素并不完全相同，必须针对行业特点进行具体分析。

比如，服装鞋帽作为一个被人熟知的传统行业，上游是研发设计环节，中游是制造生产环节，下游是销售环节，最能创造价值的环节在于上游和下游，款式新颖、品牌响亮、渠道覆盖是获取利润的关键所在，而中游制造环节创造的价值较低，各大厂商基本都采用制造外包的方式，专心于研发设计和品牌建设，这就是著名的"微笑曲线"。如果有兴趣投资服装鞋帽行业，就应当投资品牌企业而不是制造厂商。

3. 纵横交错选择投资区位

面对一个错综复杂的行业，通过横向分析将

行业分成几个可供选择的细分市场，或者选择规模最大，或者选择增速最快，或者选择利润最厚的细分领域；通过纵向分析从上游、中游、下游各个环节寻找和发现最具有价值，最具有行业控制力、影响力的环节；纵横交错就将一个复杂的行业分解成一个个网格，这样既能够快速了解了一个行业，更是为投资活动找到了可供选择的切入区位。

值得注意的是行业分析必须切入行业上下游之间的环节，发现附加值最为丰厚的环节，明确这个环节具体是在上游，还是在中游或下游，必须具体行业具体分析，不能一概而论。先进产业并不意味着都是高收益，也有附加值低的环节；传统产业并不都是低价值，也有高收益的环节。比如，5G手机是高科技行业，利润主要体现在操作系统、芯片、面板、射频、存储等上游零部件环节，中游的装配、下游的销售就是相对的低利润环节。牙科诊疗服务是个传统行业，上游的药品、器械、耗材、假牙并非关键利润所在，下游牙医的手艺、医术等治疗环节才是产生价值、获取利润的核心要素。

综上所述，只有通过行业产业链分析和价值链分析，投资活动才能在行业预设的几个细分市场中寻找到最佳的着眼点。

三、挑选原则

面对着众多的行业及其内部的细分市场，选择投资切入点必须要有一些原则，否则就有"老虎吃天，无从下嘴"的感觉。如何进行有效的甄选？可以借鉴和依据以下原则。

（一）代表着未来发展的方向

做投资就是要因势而谋、应势而动、顺势而为，不仅要总结历史，更要结合现在去思考未来，把握产业发展的趋势，顺势而为才能事半功倍，逆势而行则劳而无功。

纵观中国的产业发展历程，20世纪80年代至90年代前期，家用电器、纺织服装、出口加工业、普通制造业是当时的先进生产力；20世纪90年代后期至2010年前后，随着中国工业化、城市化的加速发展，房地产以及钢铁、煤炭、水泥、有色金属等重化工业快速兴起，成为2008年大牛市的"五朵金花"；2010年之后，随着中国大规模工业化基本结束，开始步入后工业化时代，重化工业成为"去产能"的对象，高新技术、互联网、生物医药、新型服务业成为新的经济增长点。

从投资的角度来看，采掘、纺织、房地产、冶金、石化等重化工行业难以再现昔日之辉煌，投资价值比较有限；高新技术、生物医药、新型服务业等新经济、新产业才是投资的热点。

（二）广阔的市场需求空间

什么是广阔的市场空间？没有统一的标准，但起码要有千亿元以上的市场容量，或者有万亿元以上的市场潜在需求量。处于一个狭窄市场行业的企业，即使发展得再好，一旦到了行业天花板，盈利速度和增长速度就会不可避免地降低，尽管企业资产质量相当优秀，经营基本面非常扎实，也只能是细分市场中的"小冠军"，成为"小河里面的大鱼"。

处于市场广阔的行业，企业持续增长的时间长、空间大，可以高速增长十几年甚至更久的时间，其发展前景无疑更加美好。比如，新能源汽车大受资本市场追捧，除了传统汽车厂家大力开发新能源汽车之外，互联网企业、信息企业、房地产企业纷纷跨界投入，其背后的重要原因就是因为汽车有着万亿级以上的市场容量。

（三）较快的行业增速

较快的行业增速意味着市场旺盛的供给能力，不同的行业具有各自的行业增速。从投资角度来看，世界改变不了的消费行业、传统行业的年均增速不能低于10%，否则就不足以弥补资金成本和投资风险。改变世界的高新科技行业的年均增速要达到20%～30%，甚至是更高的增长速度，否则，其行业成长性就会受到质疑，且不足以弥补风险成本和机会成本。

（四）国家产业政策扶持

我国股市的特色是市场受政策因素影响较大，有无产业政策的支持，结果差距非常大。比如，新能源汽车行业正是有了政策的扶持，才能让该赛道内的企业快速成长，随之而来的是市值疯狂地上涨。反之，钢铁、煤炭、水泥等重化工业则是受政策制约或者是"去产能"的对象，行业发展速度受到较大影响；房地产行业在"房住不炒"的基本原则下，投资前景就比较有限。

除了产业政策扶持或限制之外，行业选择时还需要考虑政府价格管制的因素。比如，一些涉及国计民生、社会稳定、国防安全等因素的公用事业、粮油食品、交通运输、能源电力等行业，其利润增长空间就会受到较大制约，这类企业的股票就类似高级债券。

（五）垄断性、寡头性行业

某些行业具有垄断性、寡头性的特征，具有门槛高、壁垒深、收益稳等优势，具有很强的提价能力、议价能力，构建起一道行业的"护城河"，获取超额利润。从投资的角度来看，垄断和寡头企业具有强大的吸引力。

垄断性主要来自技术专利、市场生态、客户黏性、消费习惯、品牌效应、市场渠道、资金壁垒、规模经济、政策特许、特殊资源等多重因素。比如，消费类产品与品牌效应、消费习惯等因素紧密相关；互联网行业与市场生态、平台优势关系密切，具有"大树底下不长草"的垄断性；5G、半导体、人工智能等信息产业与技术先进水平息息相关；钢铁、有色、冶金、汽车等重化工业的竞争优势来源于资金壁垒、规模经济和市场渠道，属于越大越经济的行业；采掘业、农业得益于当地的矿产资源、气候资源等先天性资源条件；零售业、普通制造业、生活服务业则缺乏垄断性、寡头性，基本处于自由竞争的状态。

（六）投资行业的高价值核心稀缺性资源

无论是传统行业还是新兴产业，价值都不是平均分布，而是聚集在某些特定环节，这就需要从产业链上下游关系、资源稀缺性等方面进行挖掘。

第一，投资知识密集型环节。比如，制造业的"微笑曲线"认为，上游的研发、设计，下游的品牌、渠道等知识密集型环节附加值高，中游制造环节附加值低；生物医药行业普遍是上游研发制造环节利润高，下游销售环节利润低；半导体芯片行业属于标准的高科技行为，附加值主要集中在上游设计和中游制造环节，下游封装、测试环节则附加值较低。

从中可以清晰地看到，在知识经济时代，知识与价值成正比，知识作为财富创造的重要驱动因素，是核心的稀缺性资源，哪个环节知识密集度越高，哪个环节附加值就越高。

第二，投资稀缺性资源。稀缺性资源是指高价值的、难以再生的、很难复制、需求极大、供给受限的资源，即通俗所说的花钱也很难买得到的东西，投资就是要投这些稀缺性资源。比如，人们对健康、长寿、美丽的追求永无止境，某些核心医药产品就是稀缺资源。

四、挑选领域

结合中国宏观经济发展趋势以及中观行业赛道选择的相关原则，大体上来讲，可以在以下几个行业领域寻找投资机会。

（一）高新技术领域

高新技术行业是与社会发展、经济繁荣、国家强盛、民族复兴、人类进步紧密相关的行业。当前中国已经基本完成工业化、城市化，步入后工业化时代，以高新技术、新型服务业为代表的新兴产业正在替代传统产业，成为新的经济增长点。新材料、新能源、5G、大数据、人工智能、智能制造、物联网、节能环保等高新技术领域既是推动未来经济增长最为核心的驱动因素，也是成长速度最快的领域。同时，高新技术领域行业板块众多，产业链关系非常复杂，不同的子行业、子板块有着不同的产业链、价值链分工，并且某些子行业尚处于发展的幼稚期，内在情况也较为复杂，分跨着不同的产业领域，不是几句话就能表述清楚的。对于高新技术领域，需要掌握以下投资方法。

1. 寻找合适投资标的

如何才能寻找到合适的投资标的？可以应用到上文所提到的行业分析工具，首先通过横向分析发现细分市场，纵向分析发现内在价值；其次通过纵横交错分析选择投资区位；最后在有投资意向的区位去寻找行业内的龙头企业、核心企业。

如同成绩优秀的学霸考上名牌大学的概率更高，学渣逆袭、"咸鱼翻身"的几乎不可能的道理一样，选择经营规模大、财务质量好、技术水平高、现金流充沛的行业龙头企业，其发展前景更好，抵御风险能力更强，成功的概率更高，将成为共识。

2. 关注核心技术能力

高新技术行业最重要的壁垒就是技术研发能力，同时也是企业持续成长的内生动力。俗话讲"伤人十指不如断其一指"，投资高新技术企业就必须关注那些拥有专业的、核心的技术研发水平的企业，一旦有机会就有可能发展成为某个细分市场或行业的龙头企业；舍弃那些这个也会做、那个也能干的万金油式的企业，面面俱到等于面面不到，产品系列过多、过杂的企业不是理想的标的。

比如，科大讯飞是一家专业从事智能语音的公司，目前在中文语音识别领域占据龙头地位，有可能发展成为中国的SIRI；而乐视希望做成一个拥有互联网视频、体育、汽车、金融等众多板块的多元化、生态化企业。前者有着核心技术能力的强大支撑，能够不断地内生成长；而后者的梦想却灰飞烟灭，成为很多投资者心中的伤痛，这就是核心技术能力的重要性。

3. 防备商誉减值

高新技术型企业在成长过程中，往往会采用一些并购重组的手段以促进企业快速增长，其中就产生了很高的商誉，后续可能面临商誉减值的风险。一旦增长动力减弱，业绩增速放缓，之前所积累的商誉风险就会暴露出来，股价就会大幅下落。所以，必须注意防范企业商誉减值的风险。比如，2019年传媒行业的商誉超过1600亿元，占A股总商誉的11%，一旦行业增速不达预期，商誉减值风险就从隐性变成显性，行业指数不断创新低，历时两年多也未能扭转局面。

4. 规避幼稚阶段风险

俗话讲"三岁看大，七岁看老"，评估小孩

的思路、方法同样可以用于预测行业和企业。高新技术内的一些行业和企业尚处于高估值、低盈利的幼稚阶段，甚至是处于襁褓期、蹒跚学步期，虽然未来的发展趋势不容置疑，成长空间不可估量，但存在着未来盈利难以预测、项目落地不及预期的潜在风险。

对于这些尚处于幼稚期的企业，可以先行观察、长期跟踪、多方接触，避免先驱变成先烈的故事重演。适当时候进行少量投资，但不宜操之过急、早下结论、重仓投入，否则就会承担诸多不可预料的风险。

（二）"专精特新"领域

当前，我国政府提出"加快解决'卡脖子'难题，发展'专精特新'中小企业"，这意味着"专精特新"这一概念正式上升至国家战略层面。所谓"专精特新"，顾名思义就是指具有"专业化、精细化、特色化、新颖化"特征的"小巨人"式的中小工业企业。所谓"小巨人"，就是在特定制造业细分赛道中已经崭露头角的明星企业。虽然这些企业当下营业收入规模尚小，但发展潜力巨大，在未来3～5年经过深耕细作之后，最终有可能成为行业细分市场龙头的企业。

1. 战略意图

国家提出要加快培育"专精特新"的"小巨人"企业，主要的战略意图大致有以下两点。

第一，通过发展有特色、有技术含量、高附加值的制造业，造就更多的"隐形冠军"，来推动国家产业结构的转型升级，抢夺未来全球产业链的制高点。

第二，优先聚焦国内制造业的短板和弱项，在产业链、供应链的关键环节"补短板""锻长板""填空白"，突破"卡脖子"难题，将培育"专精特新"企业上升至制造业强链、补链的高度，体现追求产业链的独立自主性，以及突破外部包围的紧迫性。

2. 企业画像

从投资角度对这些"专精特新"的"小巨人"企业进行画像，总体性的特点是小市值、高估值、高成长、高盈利和创新能力强。

从市值表现来看，上市的专精特新"小巨人"企业70%以上分布在100亿元、甚至50亿元以下的小市值区间。企业平均估值60多倍，高于创业板指数和其他指数。

从行业分布来看，这些"小巨人"企业主要分布在机械、化工、医药、电子、电信、计算机等高新技术行业。这些企业具有良好的成长性，平均营业收入和净利润的增速是创业板企业平均增速的2倍左右，远高于沪深300、中证500、中证1000等其他指数板块。

从经营业绩来看，这些"小巨人"企业具有业绩增速高、盈利能力强、研发支出大的明显特点。企业的核心业务比较单一，往往聚焦于某些细分市场，往往处于"卡脖子"关键环节，在细分市场拥有较高市场份额，具有较高的盈利能力，是细分行业的隐形冠军。

从创新能力来看，这些"小巨人"企业都具有技术研究院、企业技术中心、企业工程中心、博士后工作站等自建或合作共建的研发机构，过去三年研发费用占营业收入比例均值大于5%，平均每家企业拥有100多个专利，其研发支出高于同期创业板和其他指数板块的企业。

3. 投资思路

虽然"小巨人"企业均是细分市场的龙头，具备"专精特新"的特点，但普遍而言，这些企业收入规模尚小，增速不稳定，仍然不够成熟。可能的原因包括三点：一是产品不够成熟，尚不能完成对海外产品的进口替代；二是所处行业可能过于前沿，市场需求尚未爆发，盈利模式还不清晰；三是部分企业仅能服务于一些专业的用户，市场空间尚未完全打开。从投资的角度来讲，仍需要对这类企业进行筛选，可以遵循以下标准。

第一，占据产业链强链、补链的关键环节，实现进口替代的企业。实现关键核心技术的自主可控，不仅是我国经济发展新动能的必然路径，也是我国迈向全球价值链中高端的必然之选。我国受制于人的领域集中在产业上游的核心材料、零部件、设备等环节，能够为大企业、大项目提供关键原材料、零部件、元器件等核心配套产品，实现进口替代，解决"卡脖子"难题的"小巨人"企业就是比较理想的投资对象。

第二，进军全球供应链的核心环节，全球份额显著提升的企业。中国要提升产业链、供应链的现代化水平，不仅要补齐短板，更要锻造长板，巩固和提升在某些产业领域的全产业链竞争力。但在全球范围内，某些细分领域往往被一两家企业垄断，国内"小巨人"企业实现国产替代之后，面向海外市场对原本的垄断企业发起进攻，占领其原本的市场，成为全球性的"隐形冠军"。

第三，受益于新技术、新趋势的赛道起飞型企业。投资于赛道起飞型公司的关键在于选择赛道。当赛道起飞时，资本市场就会形成板块的资本聚集合力，进一步增强赚钱效应，让企业的估值加速上涨。

（三）医药健康领域

没有全民健康，就没有全面小康。医药健康行业是与人民健康、生老病死息息相关的行业，是国家重要的民生战略。健康是人们永恒的追求，而生老病死又是无法避免的，医药、医疗、保健可以说是全民的必需品。随着国内老龄化程度持续加剧，呈现不可逆转的趋势，而人们对于健康、长寿、美丽的需求永无止境。生物医药、医疗服务、保健产品等健康产业将蓬勃发展，极有可能成为未来出现长期大牛股的行业。

1. 行业分类

医药健康领域具有医药、医疗器械、诊断试剂、诊疗服务、医疗美容、互联网医疗、康复保健等几大板块，有着各自的行业特点，都具有不被世界所改变和改变世界的属性。

医药健康领域最大板块是药品制造和分销业务，从技术水平进行分类，可以分成传统药品和现代药品。前者如同仁堂、胡庆余堂、九芝堂等传统老字号，属于不被世界所改变的企业，增长稳定可预期性很强，现金流量充沛。后者是现代新型药品，属于改变世界的产品，具体又可以分成以下几类：一是生物药品，包括血液制品、抗体、疫苗等；二是生物治疗，比如干细胞、免疫细胞等；三是一些高端仿制药。现代新型药品增长速度快，成长空间巨大，受到各路资本的重点关注。

2. 行业特点

相比其他行业，医药健康行业有着其自身鲜明的特征，主要表现在以下方面。

第一，市场规模巨大且分散。人体的皮肤、肌肉、骨骼、血液、五脏六腑如同一个个差异性很大的细分市场，世界上没有包治百病的药，也不存在任何药品、器械、疫苗、试剂、耗材都会生产的企业，只能从事某一个或几个细分市场。因此，医药健康行业市场大而分散，无数的大企业、小企业、新企业、老企业同场竞技，各自在所从事的一个或几个细分领域内占据市场份额，很难产生行业通吃的垄断性企业。

第二，市场需求比较稳定。人的生老病死是个客观的自然规律，与经济形势繁荣或衰退没有关联性，而且随着人口老龄化趋势的不断加剧，消费能力的持续提高，医药健康行业还将进一步发展，行业具有逆经济周期性较强、市场需求比较稳定的特点。

第三，产品生命周期长。不像一些高新技术产品，医药领域内第一代、第二代产品升级换代的替代效应并不显著，云南白药、片仔癀、马应龙痔疮药、同仁堂的安宫牛黄丸等一些中华老字号的中成药历经几百年还焕发着强大的生命活力，青霉素、阿司匹林等药品历经百年仍在大量临床使用。只要某种疾病还存在，并没有被彻底消灭，一些药品就很难被淘汰出局，产品的生命周期很长。

第四，具有一定的公益属性。医药产品和服务具有一定的特殊性，无论是药品、器械、疫苗的采购，还是诊疗、康复与服务，或多或少都会受到政府的价格管制，行业的公益属性比较强烈。

3. 价值分布

从产业链结构来看，医药健康行业上游是原料药、原材料、零部件环节，中游是研发制造环节，下游是批发、零售、诊疗、服务环节。普遍来讲，上游和中游环节技术含量比较高，某种药品或器械的生产厂商相对集中，往往只有少数几个，具有一定的垄断性或寡头性，也是附加值的主要集中区域。下游环节技术含量相对较低，市场比较分散，从事批发、零售、诊疗、服务的厂商、诊所数量较多，产品或服务比较相似且不易区隔，缺乏垄断性或寡头性，这就不能成为价值创造的重点领域。

当然也有例外的情况，如果某个医药细分行业对上游的药品、器械依赖程度不高，下游诊疗服务环节可以创造整个产业链50%以上的附加值，其核心资源不在于药品和器械，而是高度依赖于医生的手艺和技术，这种细分行业的价值重心就在于下游诊疗服务环节。比如，眼科、牙科诊疗服务环节所创造的价值占据了整个产业链70%以上的比重，这就形成一些民营专科医院、诊所生存发展的先天环境，与之相对比，某些内科、外科领域就缺乏这方面的条件。

4. 投资策略

从市场空间潜能、股价增长速度、价值所在环节等因素综合考虑，药品投资有几个重点：一是优先考虑投资现代新型医药，然后才关注传统医药；二是投资肿瘤、心脏疾病、肺炎及呼吸道疾病、脑血管疾病、糖尿病等致死率最高的几类大病种、慢性病药品，市场空间更大，某些小病种药品容易遇上行业天花板，面临着长不大的风险；三是避免麻醉类、精神类等用量不多且受到严格管制的药品；四是从价值链角度考虑应当投资药品研发生产企业，而非从事批发、零售业务的药店。

医疗器械、诊断试剂、医疗美容这几个板块的投资重心有几点：一是投资上游的零部件、原材料以及中游的制造环节，下游的服务环节并非投资的重点。二是投资技术含量和市场壁垒比较高，掌握着行业主动权，更容易做大规模，并且具有一定的行业垄断性的上游和中游企业。三是由于医药健康行业市场比较分散，做大规模在很大程度上依靠丰富的产品线，优先考虑投资技术比较先进、产品品类较为丰富、品牌效应突出、营销能力强大的平台企业、龙头企业。

"互联网+医疗"是最近几年刚兴起的新型

医疗服务模式，借助互联网平台，将在线问诊、医药电商、医疗信息化、慢性病管理、互联网保险这五个商业领域整合在一起，主要参与主体包括互联网公司、保险公司、医院、医生、药房和患者，对用户群体的健康管理需求进行系列化服务，构建线上、线下一体的智慧社区医疗系统。"互联网+医疗"的产业链上游是以数字技术为核心的信息平台，是行业的基础设施。中游是整个产业链的核心环节，是行业和企业最为集中的环节，关键点在于数字化技术与传统医疗体系的融合。下游包括诊疗、医疗美容、保健、健康咨询等各种医疗消费领域。从投资角度来看，上游信息平台和中游的数字化融合应用可以作为重点投资环节。

5. 风险提示

虽然医药健康是最有可能基业长青的行业，但在投资活动中也需要识别和防范相应风险，把握好投资节奏。其行业风险主要来自以下方面。

第一，新药的研发是一个漫长、昂贵且高风险的过程，一个新药研发需要几年甚至 10~15 年时间且耗资巨大，其中一半以上的时间和经费都花在了药物临床试验上，并且存在临床失败或上市注册被驳回的风险。

第二，高端医疗器械、设备、试剂、耗材的研发、制造环节存在技术瓶颈，由于一些核心技术、关键零部件掌握在国外企业手中，国外技术封锁、出口管制将拖累研发和制造进度，其中风险不得不防。

第三，医药行业是一个不完全竞争且受到管制的行业，存在着上游生产要素市场化和下游产品销售公益化之间的矛盾，某些药品、疫苗属于政府统购统销物资，这将影响企业的经营利润。

第四，"两票制""集采降价""一致性评价"等政策推行是大势所趋，中标者虽然能保证产品销量，但单价通常会大幅下调，影响营业收入和毛利率，落标者将遭遇业绩与股价"双杀"的局面。虽然"集采"会对医药企业造成一定的经营风险，但这个问题也要辩证对待，一些小型企业虽然通过"集采"降低了价格，但也扩大了销量，减少了对经销商的依赖，降低了营销费用，强化了终端服务能力，营业收入和净利润率出现不减反增的现象。

（四）消费行业领域

消费行业是与人们的衣食住行紧密相联的

行业。衣食住行都是日常生活所需，都被大家所熟知，没有认知上的障碍。从国内A股的消费类股票表现来看，既是长期表现最好的行业，又是最容易出现"长跑冠军"的领域。从发展趋势上看，我国从制造大国走向消费大国是一个必然的途径，随着人们的经济收入、生活水平不断提升，中产阶层的不断壮大，消费能力将持续升级。

1. 消费产品的分类

消费产品大致可以分成两大类：一是必需消费品，这类产品属于单价较低，消费量大，购买频率高的快速消费品，比如食品、日用品、饮料、服装等；二是可选消费品，这类产品是单价较高，使用时间长，购买频率较低的商品，比如家具、家电、汽车、珠宝、名贵手表等。

必需消费品的需求比较稳定，不管经济环境如何变化，基本生活需求都会被优先满足，具备逆经济周期性特点，拥有持续增长的潜能。可选消费品具有较强的顺周期属性，经济形势好的时候，人们收入水平高，消费意愿强，可选消费品销量就会大增；经济形势不好的时候，消费就会被推迟或取消。家电、汽车既是耐用消费品，又是属于重资产投入的行业，当前国内市场趋于饱和，行业增速放缓，产品更新时间长，盈利能力和资产回报率并不显著。从投资角度来看，相对于可选消费品，食品、日用品、饮料、酒水等必需消费品更具有投资价值。

2. 必需消费品的特点

必需消费品具有以下特点：一是产品生命周期长，受新技术冲击小，品牌、渠道壁垒很高，行业龙头企业很容易形成寡头垄断格局；二是客户黏性强，重复购买率高，一旦形成口感、使用习惯等消费偏好就很难改变，品牌的忠诚度比较高；三是刚性需求强，消费升级趋势显著，从俭入奢易，由奢入俭难，受经济周期影响程度较小；四是品牌效应显著，产品没有认知上的困难，基本上每天都可以随时接触到，产品购买受到品牌的影响较大。

3. 投资原则和方法

消费类产品需求较为稳定，销售情况依赖于产品、品牌和渠道，新公司、小公司很难有颠覆性机会。所以投资原则是买快速消费品不买耐用消费品，买大不买小，买旧不买新，买垄断不买竞争，买简单不买复杂，买轻资产不买重资产。

从这些原则出发，消费类产品的投资方法也

相对简单，就是投资那些有历史沉淀的、规模巨大的、能够轻资产扩张的行业内绝对龙头企业，而不介入那些新成立的、规模小的、重资产投入的、处于自由竞争市场的企业。

有些消费产品不仅只是局限于消费本身，更是代表了一种生活方式或情调。比如，茅台是国酒的象征，代表着尊贵、成功的社会地位；星巴克咖啡代表着社会中产阶层的休闲生活。如果某家公司的产品具有这种特质，并且拥有自主提价权，能够实现一定程度的市场垄断性，就有机会成为一家伟大的企业，就具有良好的投资价值。

（五）金融行业领域

1. 行业分类与特点

金融行业不仅包括商业银行，还有保险、券商等"非银金融"机构。商业银行是一门有着十几倍杠杆率的资金密集型生意，主要依靠存贷款的利息差来获利，企业年均增长速度相对较低。银行股具有盈利比较稳定、股价波动小、股息分红高、估值相对较低等特点，滚动市盈率普遍在10倍以下。

商业保险是一个非常特殊的行业，依靠保费收入与赔付概率的差价来获利。除了少数自有资金外，主要借用客户的保费进行有偿运营，其经营成败的关键在于对客户未来可能发生风险时的赔付承诺能否及时兑现，这不仅关系到投保者的切身利益，更是牵涉到社会公众的利益。保险股与银行股有许多相似的地方，在此不再重复阐述。

券商依靠经纪、承销和自营三种方式盈利，其中经纪是最主要的收入来源，也就是收取交易佣金。券商股的周期属性比较强，在牛市期间，股市相对活跃，交易比较频繁，经纪业务贡献巨大的盈利；反之，在熊市期间，交易额下降，券商的盈利也会相应萎缩。

2. 投资策略

银行股、保险股经营可预测性较强，是除了必需消费品之外第二个适合长期投资的行业，长期来看股价是缓慢上涨的。券商股的弹性较大，与股市大盘走势的吻合度较高,适合在熊市布局，在牛市期间持有，在牛市期间获得比较高的投资收益；反之，在熊市期间将会受到较大的损失。

（六）周期性行业领域

周期性行业是指和宏观经济波动有强烈相关

性的行业，典型的周期性行业包括煤炭、石油、钢铁、有色金属、建材、化工、机械、汽车、造船等制造业。周期性行业属于短期波动最大的行业，让人既爱又恨。在正确的时间买入，享受股价的高弹性，那就是爱不释手；如果没有把握规律，在错误的时间进场或没有及时止盈，那就由爱生恨了。

1. 价值驱动要素

周期性行业与大宗商品的价格紧密相关，大宗商品的价格变化直接影响周期性企业的经营业绩及股价的涨跌。同时，大宗商品往往处于产业链的上游，既有商品属性，又有金融属性，其价格波动与需求、供给、流动性这几个因素有着高度的关联性。

需求来自下游的制造业及消费行业，如果宏观经济繁荣，下游需求增加，就会拉动大宗商品价格上涨，促进上游企业增加供给；反之，需求不足将促使大宗商品价格下跌，影响上游企业的经营业绩。

供给取决于两个因素：一是对宏观经济景气程度的预判，以及对下游制造和消费需求的预期；二是上游企业自身的生产能力的限制程度，能否有效补上库存。如果这两项因素都能完美实现，就能实现有效供给。

流动性取决于全球央行的财政政策、货币政策的走向，以往主要取决于美联储的货币政策。货币超发、流动性过剩一定会引发通胀的预期，引起大宗商品价格的上涨；反之就是通货紧缩，大宗商品价格下跌。

比如，2020年上半年受新冠肺炎疫情的影响，各个国家严厉的防疫措施严重影响正常的人流和物流，破坏了全球产业链。下游消费端、中游制造端的需求不振很快蔓延到上游领域，导致煤炭、石油、钢铁、有色金属等大宗商品的价格出现非理性暴跌。2021年初，随着疫情得到控制，全球经济步入复苏阶段，对上游大宗商品的需求快速增加，而上游的产能却受制于疫情影响不能及时释放，无法填补库存缺口并有效满足下游需求，再加上美联储无底限的量化宽松政策所释放的天量货币，使得全球流动性严重过剩，上游大宗商品的价格快速上涨。全球需求、供给、流动性的变化使得大宗商品价格在一年多的时间内暴跌暴涨，产生犹如过山车般的效应。

2. 行情变化的三个阶段

周期性企业股票的驱动因素是估值贡献还是盈利贡献？其实周期性股票的估值和盈利波动是一致的，但估值的变动领先于盈利变化。从股价变化的走向来看，一般可以分为三个阶段。

第一，行情启动阶段。这个阶段投资者对于盈利预期首先反映到估值变化之中，估值的变化早于盈利的变化。比如，2021年上半年随着新冠肺炎疫苗的大量推广应用，疫情得到控制，世界经济出现复苏的迹象，需求提升但供给未能及时跟进，再加上美元贬值等金融因素的影响，钢铁、石油、有色金属、橡胶、塑料等大宗商品价格开始大幅上涨，投资者预期周期性企业的盈利水平将有较大的改善空间，这些企业的股价开始大幅提升。

第二，行情稳定阶段。这个阶段是周期性企业的盈利兑现阶段，盈利和估值同时进入上升轨道，由于有了业绩的支撑，这个阶段企业的收益是最稳定的，也是最安全的。

第三，行情下落阶段。这一阶段估值会早于盈利率先回落，这时对市场走势起支撑作用的是经营业绩。换言之，如果观察到估值有较大幅度回落时，就要及时止盈无须恋战，否则到下一波行情又需要等待好几年。

3. 投资策略

对于周期性行业，最关键的投资策略就是踩准买入与卖出的时间节点，符合行业周期波动的时间节点，具体有以下要点。

第一，周期性行业产业链上下游的供给、需求、库存变化将严重影响产品的价格，最终都会作用到企业的盈利预期上，必须根据经济周期来选择进场和出场的时间。

第二，周期性行业与下游的投资、制造、消费预期紧密相关，一般在经济复苏和过热阶段具有相对优势，在经济衰退和萧条阶段相对低迷。

第三，周期性企业的股票估值和盈利波动大致同步，但估值的变化领先于盈利变化，应当先观察股票估值的波动，再看企业盈利状况的变化。

第四，周期性行业内部有众多的细分板块，每个行业都有自己独特的规律。比如，能源、金属、建材、化工、生猪等行业的波动幅度、持续时间等就有着较大的差异，这就需要具体行业具体分析，能否找准行业波动的周期是投资成败与否的关键所在。

第六章 企业筛选

行业研究是为了解决赛道选择的问题，企业研究就是挑选"千里马"的问题，需要落实到具体的投资标的，是一个从线到面的落地过程。当前，国内A股市场仅沪、深两个主板就有4000多只股票，再加上创业板、科创板、北交所及新三板企业，可以选择的范围相当宽泛，可谓是浩如烟海。如何从中筛选到理想的投资标的？需要用良好的投资理念、扎实的基本经营面分析等，来寻找财务表现优秀、成长潜能巨大的企业。

一、企业筛选理念

从本质上看，投资股票就是买入企业的股权，分享企业经营成长所带来的红利。投资者既然是花钱买企业，就要买经营良好、成长迅速、潜力巨大的优质企业，就要买得物有所值或物超所值，能够带来长期的稳定收益。

什么是优质企业？社会的基本共识就是具有

成长快、潜力大、收益稳、价值高、风险小等特征的企业。从投资者角度来讲，谁都希望自己所投资的股票高成长、高收益、低风险，是个基业长青的大牛股。既然投资的方向、目标已经明确，那就应当从浩如烟海的股票中进行统筹考虑、综合评估和精准挑选。

二、企业筛选方法

（一）行业龙头企业

一般来讲，行业内头部企业具有较高的知名度及市场占有率，排名靠后的企业逐渐边缘化。行业龙头企业都是在市场竞争中逐步形成的，龙头企业的抗风险能力、成长发展能力要强于其他企业。选择行业龙头企业，特别是行业垄断性、寡头性企业，就是为了确保成长性、稳定性，降低风险性、不确定性。从投资角度来看，行业垄断性、寡头性企业是比较理想的投资标的，可以分享垄断性收益。

如何找到行业龙头企业？有几个要点：一是在产业链上下游纵向环节中去寻找，凡是拥有核心资源，占据着进入壁垒较高、利润率最丰厚、可以支配和控制其他环节的关键性企业，就有可能成为龙头企业。二是在行业横向细分市场中去寻找，凡是容量最大、增速最快、门槛最高的细分市场，就有可能出现龙头企业。三是看市场占有率，市场占有率最高、品牌影响力最大的企业往往就是龙头企业。

（二）成长型企业

企业的生命周期分为初创期、成长期、成熟期和衰落期，长期投资于不同周期的公司，获得的回报是完全不一样的。

高新技术企业、新型医药企业最理想的投资标的是处于成长期的公司，已经脱离了初创期的危险，业绩开始大幅增长，有机会获得丰厚的经营性利润和投资性利润，这就是创业板、科创板企业的估值普遍高于主板的原因。处于成熟期的企业，增长速度放缓，逐渐变成一个传统企业，投资的价值就会大量弱化。

互联网企业有着强大的生态垄断性，消费类企业的核心竞争力在于产品、品牌和渠道优势，都需要时间的沉淀、市场的验证。因此，这两类企业不仅在成长期，成熟期也是非常理想的投资标的。

如何判断企业处于成长期？大致可以从几个方面判断：一要看行业细分市场的容量及企业的增长速度，如果处于一个大容量的细分市场中，并且几年来年均增速保持在 20% 以上，可以认为是成长型企业。二要看核心产品的市场份额，如果市场占有率已经很高了，那就意味着进入了成熟期，即将碰到行业天花板；如果市场占有率比较低，业绩增长就还有较大的潜力和空间，处于成长期。三要看新产品、新技术的储备情况，是否具有第二次、第三次大幅增长的潜能。四要看企业的并购和重组策略，能否找到新的经济增长点，实现第二次、第三次飞跃。

（三）轻资产化运营企业

轻资产公司最基本的经营特征是企业的人力、物力、财务、技术开发、设备投入、厂房建设等成本支出远低于营业收入的同步增长，企业在少量的成本费用支出后会引发更大规模的收入增长，并且将增加的收入大部分转化成了利润。而一个重资产公司，为了获取营业收入增长，需要大量固定资产投资,巨额的固定资产折旧摊销、财务费用就会吞噬毛利润，无法形成利润增长或持续增长。

比如，互联网、传媒企业的主要成本包含硬件设备投入、软件开发、人力成本等费用，但随着用户数量的扩大，实际成本并不同步增加，业务规模无限扩大中，成本相对预先锁定。反之，汽车、家电制造企业要扩大业务规模，前提是扩大资本支出，先花钱购置厂房设备、建生产线、培训员工，生产出来的产品能不能销售出去还不得而知，这类企业的盈利能力就存在较大的不确定性。

判断一个企业是否能够轻资产化经营，关键要看其业务扩张的依赖因素。如果一个企业的业务扩张只依靠输出技术专利、知识产权、管理模式等无形资产，投入和产出之间存在明显的规模经济效应，少量的成本费用支出会引发更大规模的收入增长，就能够做到"以虚控实"，进行内涵式扩张，而不是单纯依靠土地、设备等有形固定资产重投入进行外延式扩张，这种企业就符合轻资产化运营标准，具有增长速度快、经营风险小、投资收益率高等特征，就是比较理想的投资标的。

（四）产业链较短的企业

为什么要投资产业链较短的企业？就是在

于这类企业经营环境比较稳定，不依赖于很复杂的供应链，当环境发生动荡时不至于受到太多的牵连和波及，发生风险的概率较低，从而增加确定性，减少不确定性。比如食品、日化、饮料、农业企业受到上游供应商的制约较小，即使要变更上游供应商也相对简单，风险更加可控。

反之，在一个复杂的较长产业链中，无论是产业链的上游还是下游发生了问题，都将不可避免地影响被投资企业的经营活动。比如，汽车、机械、家电等企业的经营状况不可避免地受到上游零部件供应商、下游客户、宏观经济政策环境等诸多因素的影响，不确定性就意味着经营风险。

（五）受管制较小的企业

管制有几种类型：一是价格管制，比如粮食、食用油等涉及社会安定的战略性物资，以及煤气、电力、电信、石油等公用事业，虽然具有很大的垄断性，但产品价格受到政府管制，不在市场自由竞争之列。二是应用管制，比如生产麻醉药品、精神药品、军工产品、危险产品等需要特许经营资质的企业，其市场销售、应用范围、商品定价就会受到政府严格监控，虽然一些企业经营业绩表现良好，但发展空间相对有限。三是技术管制，比如某些高新技术产品涉及国外的专利使用、特许技术等核心技术，或者高度依赖国外的关键零部件、原材料、工艺设备，如果难以突破这些技术瓶颈，实现国产替代，关键时候就会被卡住脖子。

无论是哪种形式的管制，只要是企业将受到较大的管制，缺乏自主经营权、定价权、发展权，就不是理想的投资标的。

（六）专业化企业

企业从类型上可以分成专业化企业和多元化企业，专业化企业的资源更加集中于某一细分市场，具有较高的行业知名度、市场占有率和影响力，在细分市场的竞争能力往往强于多元化企业。提到某一类产品，就会想到该领域的龙头企业，甚至该企业就代表着某一类行业或产品。比如，提到家用电器就会想到美的、格力、海尔，提到美酒就会想到贵州茅台。

多元化企业的资源配置比较分散，行业的知名度、影响力相对较弱。如果在品牌、渠道、技术、工艺等资源共享方面紧密相关的称为相关性多元化企业，有利于发挥资源的协同效应；如果产业之间缺乏相关协同性，单纯只是财务性联系，属于跨界经营，称为非相关性多元化企业。多元化企业的优势在于利用多种经营分散风险，获取多个领域的收益，但劣势在于不利于行业聚焦，在某一细分市场的竞争能力往往弱于专业化企业。

从投资角度来看，首先选择专业化企业，其次再选择多元化企业，可以考虑相关性多元化企业，尽量回避非相关性多元化企业。

（七）股权结构稳定的企业

企业股权结构稳定、相对集中有两大优势：一是可以减少企业的内耗，避免因股权分散、内部制衡过多而造成决策效率低下。二是避免被人举牌，控制权之争将使企业的持续经营受到挑战，投资者的利益受损。

如何判断股权相对集中、结构稳定？一般来讲有以下标准：一是控股股东的持股比例在30%左右或以上；二是主要股东以创始企业或创始个人为佳。

（八）管理水平优秀的企业

俗话讲管理出效益，管理是过程，业绩是结果。虽然投资活动更关注于业绩成果，而弱化管理过程，但只看结果不问过程往往难以得到理想的结果。如同农民种地，春种、夏耕、施肥、除草等田间管理活动不可或缺，否则很难在秋天获取丰收成果。

如何才能有效判断一家企业管理水平的优劣高低？大致有几项评估标准：一是企业核心领导者是否具有远大抱负、实事求是的工作态度；二是发展战略的思路、途径是否清晰；三是商业模式是否具有可持续性；四是战略竞争方式的选择是否合理；五是成本管控是否具有很高的水平；六是对待员工、股东、客户等利益相关者的态度；七是是否具备开拓创新能力、艰苦奋斗精神等优秀的企业文化；八是运营制度、工作流程、风控机制是否健全或到位等。

没有调查研究就没有发言权。如果想要了解现象背后的本质，就必须通过实地调研考察，这样才能得到更多的直观认识。虽然看上去似乎有点虚，实施起来费时费力，但却是影响企业长远发展的重要因素，也是做好投资工作不可缺失的环节。

三、具有又宽又深的"护城河"

1993年巴菲特首次提出"护城河"理论,"护城河"本质上就是企业的核心竞争力,一种稀缺的、难以模仿、难以替代的优秀能力。护城河带来的核心竞争力就是定价权,当企业拥有定价权时,就足以应对市场的各种变化,占据着市场的主动权,而竞争者也会因缺乏足够的竞争力而不敢轻易进入这个市场。

(一)"护城河"的表现形式

1. 无形资产

无形资产是不具备实物形态但可以为企业带来经济效益的资产,一般是指技术专利、商标、品牌、特许经营牌照等权利和资产。值得注意的是,只有企业具有自主定价权,能让消费者为此长期付出溢价的无形资产,才能形成有效的护城河。比如,茅台酒顶着国酒的光环,一瓶茅台酒足以让整桌菜肴身价倍增,让宾主倍感脸上有光,愿意为此支付比其他酒水更高的价格,这就是品牌造就的护城河。再看小米手机,这个品牌主打性价比,只能作为与其他手机的产品区隔,消费者不会为此付出品牌溢价,这就不具备护城河的效应。

不同的行业具有各自的无形资产，对于不同的无形资产属性需要区别对待。比如，半导体、5G等高科技产业依靠技术和专利；食品饮料、日化品等快速消费品依靠品牌和渠道；石油、有色金属、采矿等行业依靠自然资源；金融、军工、免税商场等行业依靠政策牌照或特许经营权。

2. 转换成本

转换成本无处不在，多发生在金融、软件、电信等服务领域，快速消费品行业相对较低，由于转换成本高，客户黏性强，忠诚度高。比如，一家企业用惯了某家公司的ERP软件，即使另一家公司的ERP产品更加便宜，也不愿意冒着经营数据遗失的风险更换ERP软件。一个普通消费者，一般都不会愿意更换手机号码或电信公司，原因就在于更换号码之后要通知各位联系人，更改在银行、保险等处绑定的手机号，为了避免高昂的转换成本，干脆不更改手机号码。但是寄快递就完全不同，选择哪家快递公司具有很大的随意性，深层次原因就在于快递服务高度相似，转换成本极低，或者说根本不需要考虑转换成本的问题。

3. 网络生态

网络生态多发生在互联网、传媒行业，用户的数量越多，流量越大，生态圈越广泛，其价值就越高，护城河就越宽、越深。除非具有颠覆性的产品优势，否则很难挑战现有网络企业的市场地位。

比如，微信是当前国内用户数量最多的社交网络平台，这并不意味着其他企业没有能力开发出类似微信的社交软件，而是用户的亲戚、朋友、同学、同事等社会关系都在微信上，微信还联接着诸多生活服务App软件，这种生态圈一旦形成，用户的转换成本极高，如同一条护城河有效地阻隔了竞争对手的入侵。

4. 成本优势

对企业自身来讲，成本优势天然就是一条宽阔的护城河，基本可以分成以下四种类型。

第一，新型商业模式优势。比如，传统销售模式进化为"互联网+"模式，采用外包、合作开发等轻资产化运营模式，上下游企业抱团实行价格同盟等。当企业利用新型商业模式树立成本优势，而同行企业无法迅速复制这种模式时，企业就会获得暂时的优势。但商业模式不具有专利保护权，当同行企业逐步学会这种商业模式时，先发企业的优势就会减弱。

第二，优越的地理区位优势。比如，针对一些物流运输企业，通江达海、交通便利就是其先天性优势，可以有效降低物流成本；一些农产品、中药材、食品、饮料则依靠当地独特的气候、土壤、水质等天然优势，生产出极具地域特色的高质量、低成本的优质产品，成为地理标志保护产品，这种优势难以复制且无法替代。

第三，独特的资源优势。比如能源、矿产、化工企业就依赖当地的自然资源，在资源枯竭之前具有极强的优势，尤其是那些稀有矿种，更是难以替代和超越。

第四，规模经济效应。比如钢铁、石化、化工等行业具有越大越经济的规模效应，一旦某些企业达到了一定的生产规模，生产成本就会显著降低，议价能力就会提高，也就有了行业主导权，成为行业龙头，如同一道壁垒将竞争对手挡在其外。

5. 创新能力

基于传统的视角，护城河来源于无形资产、转换成本、网络生态和成本优势这四项因素，帮助企业掌握定价权，占据竞争优势，获得行业垄断地位，产生良好经济效益。

人们总是习惯性认为竞争越少越好，垄断产生超额利润。但是企业一旦具备了垄断地位，缺少了竞争对手，是否还有足够的动力持续创新？许多事实证明，没有了外部竞争的压力，企业随之消失了创新的动力、成长的活力。正如慈母的溺爱无法成就伟男，补贴和垄断造就不了伟大的企业。

必须清醒地认识到，传统的护城河理论是静态的，是有生命周期的，而现实的竞争环境却是长期的、动态的、开放的，所有的品牌渠道、技术专利、知识产权、网络生态等竞争优势都不足以构成真正的护城河。世界上只有一条护城河，那就是企业家持续不断的创新精神，这才是永远不会消失的护城河。如何理解动态的护城河？最重要的原则就是要以客户或消费者为中心，洞察与理解市场的需求变化，用最高效的方式和最低的成本持续创新，不断创造新的价值，否则护城河就会非常脆弱。

所谓的护城河，不能简单地用深浅宽窄来描述，而是要运用动态的视角，从市场发展新方向、新趋势的角度加以评估。只有意识到企业拥有持续创新能力这个动态护城河时，投资活动才能真正理解企业创造价值的本质。

（二）"护城河"的误区识别

在现实投资活动中，根据护城河理论选择行业和企业，很难遇到完全满足护城河理论所有条件的企业，即使有这样的企业，股价已经涨得很高了，处于两难的境地，有时不免会陷入以下误区。

第一，优质产品不等于护城河，稀缺的、难以替代的产品才更具有价值。比如，扫地机器人是一款非常优质的产品，但很快就会有其他家电企业涉足其中，今后将面临激烈竞争的"红海"状态，产品线单一的企业在长期内将很难有所作为；而茅台酒作为极具地域特色的优质产品，哪怕其他地方生产的美酒很出色，也难以被替代。

第二，企业的绝对规模大并不等于护城河，相对规模大的企业才是。理想的投资标的不在于绝对规模的大小，而在于某一行业特定细分市场内的龙头企业，只要这个市场和产品的生命周期够长，规模空间够大，就会拥有长期可持续的投资价值。

第三，明星企业家不等同于护城河，高效的经营管理体系才是。在当前的商业环境中，企业控制权的变动、管理层的变动、核心人员的去留犹如家常便饭，将企业的整体安危系于明星企业家一个人身上，本身就是一件极具风险的事情。成熟的管理团队、高效的运营体系、优秀的商业模式才是企业持续成长的动力之源，才是保持稳定的中流砥柱，才是基业长青的关键所在。

（三）"护城河"的具体指标

以上所述总结出护城河的表现形式，以及较大可能出现护城河的行业。如果把视角下沉到微观企业层面，就可以比较清晰地观察到护城河优势具体表现在以下方面。

第一，是盈利性指标。企业的首要任务是要盈利，在等量的资本投入情况下，拥有宽阔护城河的企业一定具有较高的毛利率、净利率、净资产收益率（ROE）和投入资本回报率（ROIC），获取更高的投资回报效率。

第二，是议价能力。强有力的定价权、议价权是核心竞争能力的外在表现，实力强的企业在行业中占据主导地位，相对规模较大，而且可以挤占上下游企业的资金，体现在较高的市场占有率、较多的预收款、较少的应收款等方面。在行业内评估企业的议价能力时，可以选择行业内相对规模较大、市场占有率较高的龙头企业作为参考。

第三，是现金流指标。现金流是企业持续经营的保障，也是盈利质量的体现。对于那些具有很宽护城河的企业来讲，能够依靠内生增长来维持运营所需要的大部分现金，营业收入的变现能力很强，而无须依靠外部融资，表现为较低的资产负债率、较高的经营性现金流入净值、充沛的自由现金流。

四、优秀的财务表现

优秀的企业都有不俗的财务表现，虽然财务表现只是反映了经营的结果，却能够体现出经营的质量。如何评价一个优秀的企业？无非就是成长速度快、盈利能力强、资产结构好、运营效率高、经营风险小、现金流量充足等几个方面。

（一）成长速度快

企业经营绩效的增长速度是投资者最为看重的财务指标，高速的成长意味着企业可以支撑起较高的股票估值，同时也可以通过增长来消化和平抑高估值。

体现企业成长速度的常见指标是营业收入增长率、净利润增长率、扣非净利润增长率。营业收入增长率代表企业规模增长速度；净利润增长率既表示盈利成长性，也代表着经营的质量；扣非净利润增长率则是扣除非经常性损益后净利润的增长速度，之所以要扣除诸如投资损益、政府补贴、处置长期股权资产的损益等企业正常经营损益之外的一次性或偶发性损益，是因为这种损益会影响对企业真实经营盈利能力的判断。

普遍认为营业收入增长率、扣非净利润增长率越高，说明企业越有发展潜力，越有高成长性，市场前景越好。

对于高新技术、新型医药等新兴行业的企业来讲，营业收入增长率、净利润增长率起码连续3～5年都要持续稳定在20%以上，甚至更高水平，否则就会因成长性过低而缺乏投资价值。

对于消费类、周期类等传统产业来讲，营业收入增长率、净利润增长率也要多年保持在15%左右，低于10%的企业就不用考虑。

具体而言，净利润增长率一般和营业收入

增长率是基本同步的，两者相差过大说明经营情况不太正常，最好不要选择投资这样的企业。如果净利润增长率远远大于营业收入增长率，有可能是虚增利润，或者是非经营性收益大幅增加的原因；如果营业收入增长率远远大于净利润增长率，有可能搞倾销或销售业绩造假，再辅助观察应收款增长速度和经营性现金流，就可以大致做出评估结果。

（二）盈利能力强

盈利是企业经营的首要任务，是获取经营利润、实现资本增值的能力。最常用三个指标是净资产收益率（ROE）、毛利润率、净利润率。

1. 净资产收益率（ROE）

净资产收益率（ROE）是用净利润除以净资产的比值，简单说就是每投入一元股本能给投资者赚多少钱。根据杜邦分析法，净资产收益率可以拆解成净利润率、总资产周转率、杠杆率，可以看成企业盈利能力、营运能力、杠杆情况等多个角度构成的综合性指标。

净资产收益率是巴菲特最重视的财务指标，净资产收益率能常年持续稳定在 20% 以上的企业都是优秀的企业，经营业绩不会糟糕，应当考虑买入。从实践情况来看，优先考虑连续3年以上ROE≥20%的企业，一般不能低于15%，ROE≤10%以下的企业不予考虑。

2. 毛利润率

毛利率最重要意义就是代表着产品竞争力，在同一行业内，毛利率越高意味企业的竞争力就越强。毛利率很低的公司，成本控制稍有不慎就可能亏损，缺乏降价的空间，经营风险很大，不是一个优良的投资标的。从投资角度来看，毛利率在40%以上甚至高于50%的企业才具有长期投资价值。

3. 净利润率

净利润率代表着企业控制成本的能力，当然是越高越好，否则很容易导致亏损。如果发现公司的毛利率水平大于50%，而净利率小于20%，说明该企业的财务费用、管理费用、营销费用过高、运营效率偏低，或者是负债率过高，或者是管理效率低，或者是市场销售渠道不通畅，侵蚀了大量毛利润。

（三）资产结构优

资产结构反映的是企业债务与股权的比例关系，在很大程度上决定着企业的偿债、融资和盈利能力，主要财务指标表现为资产负债率和流动比率。

1. 资产负债率

资产负债率是总负债除以总资产，代表着企业长期偿债能力，其临界点是50%。从投资角度来看，资产负债率当然是越低越好，高新技术企业最高不要超过40%，而那些消费类、医药类等周转率较高的企业最好不要超过30%，否则就会加大经营风险，并且影响投资收益。其主要原因有以下几点。

第一，资产负债率意味着财务杠杆率，是区分轻资产化经营和重资产化经营模式的重要指标，轻资产化经营模式受财务杠杆影响较小，经营业绩相对稳定，抵抗市场不确定因素的能力较强。

第二，资产负债率过高意味着企业的财务费用较高，偿债能力降低，抗风险能力弱，还会影响企业进一步融资。

第三，从投资角度来看，投资股票就是投资

企业，任何投资者都希望用同样的资金买入更多的净资产而不是债务，资产负债率过高，意味着净资产的含金量受到稀释。

第四，影响企业的盈利能力。在相同的净资产收益率条件下，轻资产企业的盈利能力要比重资产企业大得多，两者不可相提并论。假设企业A、企业B的总资产规模都是100亿元，企业A轻资产运营，资产负债率是20%，企业B重资产运营，资产负债率是60%，如果两个企业的净资产收益率都是20%，企业A需要达到16亿元净利润才能达成目标，而企业B只需要8亿元净利润就能满足要求，这就是资产负债率较低的轻资产化企业更具有投资价值的原因。

2. 流动比率

流动比率是流动资产对流动负债的比率，用来衡量企业流动资产在短期债务到期以前可以变为现金用于偿还负债的能力。流动比率越高，说明企业资产的变现能力越强，短期偿债能力亦越强；但如果流动比率过大，表明企业资产的流动性过高，会影响获利能力。

一般来说，合理的流动比率在200%左右，表示流动资产是流动负债的2倍，即使流动资产有一半在短期内不能变现，也能保证全部的流动负债得到偿还。

（四）运营效率高

运营能力用于评估企业的经营效率，一般可以用应收款周转率、总资产周转率、存货周转率、预收款比率几个指标进行衡量。

1. 应收款周转率

应收款周转率是销售收入除以平均应收款净额的比值。应收款周转率越高越好，周转率高表明赊账越少，收账迅速，账龄较短，资产流动性强，短期偿债能力强，可以减少坏账损失。反之，说明营运资金过多呆滞在应收款上，发生坏账的概率大，影响正常资金周转及偿债能力。在一般情况下，该数值要保持在300%左右或以上。

2. 存货周转率

存货周转率是营业成本除以平均存货净额的比值，反映了企业销售效率和存货使用效率，是体现企业购、产、销平衡效率的一种尺度。如果企业经营顺利，存货周转率越高，说明企业存货周转得越快，企业的销售能力越强。营运资金占用在存货上的金额也会越少，可以提高企业的变现能力。

3. 总资产周转率

总资产周转率是销售收入除以总资产的比值，体现了企业经营期间全部资产从投入到产出的流转速度，反映了企业全部资产的管理质量和利用效率。

一般而言，该数值越高，表明企业总资产周转速度越快，销售能力越强，资产利用效率越高。

4. 预收款比率

预收款比率是预收款除以销售收入的比值，预收款比率较高，说明该企业在市场中占据强势地位，向他买货先交预付款，订单比较饱和。

但预收款比率也不是越高越好，数值偏大说明有可能不能及时完成订单任务。

（五）现金流量足

现金流对于企业来讲好比人体内的血液循环，充沛的现金流量意味着企业的盈利质量和安全边际。企业的现金流分成经营性现金流、投资性现金流和融资性现金流三大类,其中最应当关注的是经营性现金流。

1. 经营性现金流

从经营性现金流角度评估一家企业经营状况的质量,主要用到以下几个指标:

第一,经营性现金流入值减去经营性现金流出值的净额必须大于0,即必须为正数。如果该净额持续几年为负数,说明该企业一直在亏钱,故事讲得再好也没有什么用;如果该净额虽然为正数,但主要是因为应付款、应付票据增加导致,这说明就是该付给供应商的钱没付,商业信用都顾不上的企业,背后往往可能是资金链即将断裂。

第二,经营性现金流量占营业收入的比重保持在90%以上,如果达到这个数值,说明该企业专注于主营业务经营,收入主体来源于经营性活动,这也是投资者希望看到的结果。

第三,盈余现金保障倍数。它是企业经营性现金流量净额除以净利润的比值,反映了企业当期净利润中现金收益的保障程度,真实地反映了企业收益的质量。一般而言,当企业是盈利的,即净利润大于0时,该指标应当大于1。该指标越大，表明企业经营活动产生的净利润的可靠性越高，具有一定的派现能力。如果这个指标非常接近于0，即经营性现金流净额远远低于净利润，则企业有利润造假的嫌疑。

2. 投资性现金流

投资性现金流入表示企业有大量的资金来源于出售资产，这说明企业在进行资产结构调整，或者是企业经营业绩不佳，依靠变卖资产维持生计，很可能是开始衰退的信号，可以通过非经营性收益进行综合验证。

投资性现金流出说明企业在购买固定资产、无形资产，或者在进行对外投资兼并收购，如果投资性现金流出连续几年高于经营性现金流量净额，说明该企业是在持续借钱投资，可以通过资产负债率的变化加以验证。

如果投资性现金流量净额持续几年大于0，出现正数，说明出售资产多于对外投资，该企业或者在进行资产结构调整，或者是业务在收缩，出现了衰退迹象。

如果投资性现金流量净额持续几年小于0，出现负数，说明对外投资多于出售资产，该企业或者在扩大经营，或者在进行大规模对外投资。

3. 融资性现金流

融资性现金流入主要包括增资扩股、发行债券、银行贷款得到的资金等，融资性现金流出主要来自发放现金股利、归还贷款本金、股票回购等支付的资金。

如果融资性现金流量净额持续几年大于 0，出现正值，说明企业在大规模融入资金，需要扩大生产规模；或者是经营不佳，需要融资来维持企业正常运转。

如果融资性现金流量净额持续几年小于 0，出现负值，则有正反两种情况，需要具体分析：一是说明企业在减少负债、发放股利和回购股票，这有益于增加股东价值，是投资者乐于见到的状况；二是意味着银行不看好这家企业的盈利能力和信用评级，不愿意继续贷款了，企业可能面临资金链断裂的风险。

（六）综合性评估

以上从成长速度、盈利能力、资产结构、运营效率、现金流量五个方面全面评估和衡量企业的经营状况及长期价值。如果再进行聚焦，可以重点关注成长速度和盈利能力这两个指标。

1. 成长性和盈利性的组合

"长坡厚雪"理论的"长坡"可以理解为两层意思：一是时间长，即企业及其产品的生命周期很长；二是空间大，即企业的成长空间很大，市场的应用范围很广。"厚雪"可以理解为盈利能力，利润率越高意味着雪层越厚，利润率越低表示雪层越薄；"雪球"滚动的速度可以看作企业的成长性，雪球滚动速度越快意味着经营业绩增长速度越高。以成长性和盈利性作为两个维度，可以形成四种组合方式。

第一，高成长性和高盈利性。一个企业既高速成长又获利丰厚，市场应用前景广阔，利润率又很高，好比既有长长的坡道，雪层又相当丰厚，雪球滚动的速度很快，非常容易在短时间内滚起一个大雪球，这种企业肯定是优先选择的对象。比如，当前某些半导体企业，净利润率在40%以上，年均成长速度在50%以上，如果PEG值低于2，无疑是上上之选。

第二，高成长性和低盈利性。光伏、风电、新能源汽车等某些高新技术企业的成长速度很快，年均复合增长率可以达到40%以上，净利润率在10%左右，资产负债率往往在50%以上，属于重资产投入的企业。这类企业的长坡道表现在市场空间和容量方面，净利润率不高意味着雪层较薄，高成长性代表着雪球的滚动速度较快，虽然每滚动一圈所增加的雪量（利润）不多，但由于雪球滚动的速度很快，短时间内也足以滚起一个大大的雪球。

在投资实践中，由于这类企业题材比较优秀，想象空间广大，财务表现亮眼，往往会成为各路资本竞相追捧的对象。但一旦市场的容量渐趋饱和，企业的增速放缓，失去了高成长性，这类企业就会沦为很普通的企业。

第三，低成长性和高盈利性。消费类、医药类的某些传统企业年均增长速度在10%～15%区间内，净利润率在30%以上，甚至可以达到50%左右，产品的生命周期很长，现金流量和盈利能力可以较为清晰地预测。好比坡道很长，雪层很厚，虽然雪球滚动的速度并不快，但每滚动一圈所增加的雪量（利润）相当惊人。这类企业最为典型的例子莫过于贵州茅台，只要有时间的积累和沉淀，就一定可以滚起一个大雪球。

第四，低成长性和低盈利性。股市中的大多数股票就属于这种类型，所处坡道的时间和空间均缺乏想象力，雪球滚动的速度并不快，增加的雪量又有限，显得普通又平庸，这类股票就没有多少投资的价值。

从股票投资角度来看,第一类股票理所当然地成为优先选择的对象。第二类股票属于一定时期内的短跑冠军类型,应着眼于其高速成长性,一旦过了高速成长期增速放缓,就会从明星股票沦为普通股票。第三类股票属于长跑冠军类型,虽然短期爆发力不足,但适合于长期持有。第四类股票非常平庸,缺乏投资价值,还是冷眼相待为妙。

2. 重视基本面

天下任何事情都是有因有果,因果轮回的。财务表现优秀说明该企业经营状况良好,管理水平较高,市场竞争能力较强。行业板块有轮动效应,资本市场更青睐风口而缺少耐心,站在风口上猪都能飞上天,运气来了门板都挡不住,跟着风口跑的关键是能踩准时间节点,把握好投资节奏。可问题是谁也无法精准预测下一个风口在哪里,下一个轮动的行业板块是哪个。如果没有踩准时点,不是高位被套,就是漫长时间等待解套,这种赌资金风口、赌板块轮动的投资方式失败概率将远远大于成功概率,结果一定是得不偿失。

从价值投资角度来看,还是要重视企业经营

基本面，重视财务数据表现。如果有幸站在风口上就可以获得丰厚投资收益，想不赚钱都难；即使暂时没有等到行业板块轮动的风口，那就跟随企业共同成长，实现资产的升值，这样才能进可攻，退可守，进退自如。

3. 全面评估

财务指标是评估企业价值、挑选投资目标的重要筛选工具，虽然按这些财务指标未必能够选到最好的企业，但一定能够规避诸多的风险，选择到经营业绩良好的、比较理想的投资标的，不太可能选到糟糕的企业，不会犯很大的错误或造成很大的损失。这也符合与企业共同成长、分享经营红利的长期价值投资的基本理念。

当然，股票就如同个人一样，不可能完美无缺，面面俱到，既不现实，更无法操作。选择投资标的也不能机械地照搬、照套财务指标，而是需要对多个财务指标进行综合评估，找到一个最佳的平衡点，选出相对最好的投资标的。

第七章 择时交易

要想取得好的投资业绩，不仅要买对股票，还要买得便宜，捂得长久，卖得高价，这就涉及选股和选时的问题。以上的行业研究、企业研究解决了选股，接下来就要解决选时，需要把握以下要点。

一、估值合理

买股票就是买资产，即使是再优质的股票，也要有一个合理的价格。高位被套无论是在心理上还是在投资收益方面，都会造成一定的损失，即使是输了时间不亏本金，也会影响资金的使用效率。如何以较低的价格买入优质的股票，做到物有所值或物超所值？这就需要进行合理地估值，一般可以用以下方法。

（一）绝对估值法

经常听到某公司市值一千亿、一万亿，这

个市值就属于绝对估值，用来衡量企业的价值，通俗说就是该企业值多少钱。绝对估值法通常用自由现金流模型（DCF）来贴现计算，但由于预测未来现金流存在困难，以及内涵报酬率很难确定，两者的细微变化会导致估值的巨大差异，而且股市自身存在很大的波动性，因此绝对估值法只是在理论上进行计算，实际操作中较少使用。

（二）相对估值法

相对估值法是用市净率、市盈率来衡量企业估值的高低情况。估值的本质就是定价，贵与贱本身就是一个相对的概念，因此相对估值法是资本市场上最常用的估值方法，具有简单有效、直观方便的特点。

1. 市净率（PB）

市净率是股价除以扣除商誉后的每股净资产的比值，市净率高意味着股价贵，净资产少；市净率低说明股价便宜，净资产多，含金量高，边际安全性高。从投资的角度来看，市净率越低越好，高新技术企业的市净率可以适当提高一些，金融、农业企业的市净率相对要低一点。

2. 市盈率（PE）

市盈率是股价除以每股净利润的比值，理论上代表着投资收回成本所需要的时间。市盈率是估值中使用最为普遍的指标，市盈率高意味着股价相对较贵，市盈率低说明股价相对便宜。市盈率又分成静态市盈率、动态市盈率和滚动市盈率（TTM），滚动市盈率是根据前12个月每股净利润的动态调整，最为贴近企业的实际情况，通常所说的市盈率就是指滚动市盈率。

不同行业、不同企业的股票在市盈率方面有着各自的特点。比如，股票市盈率在10倍以下，可以大胆重仓买入股票，股价便宜则安全边际高；市盈率10～20倍的股票，一般可以放心买入，基本不会有太大的风险；市盈率20～30倍的股票有一定的风险，但风险相对可控，即使亏了时间也不会亏损本钱；市盈率40多倍甚至更高的股票则要多加小心，注意控制持仓数量，密切关注市场行情，一不小心就可能成为接盘侠。

3. 市盈率修正值（PEG值）

PEG值是用企业的滚动市盈率除以净利润年均复合增长率，从而考虑了企业的成长性。PEG

值越低，说明或者是市盈率被低估，或者是成长性超出预期，股票的安全边际越高，投资的价值越高。比如，某只股票当前的滚动市盈率为20倍，近几年平均净利润复合增长率为20%，那么这个股票的PEG就是1。如果PEG值小于1，说明市值被低估，具有很高的性价比；如果PEG值在1.5左右，说明估价没有高估比较正常；如果PEG值大于2，就要驻足观望，多加权衡，以免高位被套。

通常而言，高新技术、生物医药等成长性较高股票的PEG都会大于1，甚至在2以上，市场愿意给予其高估值。但从投资回报角度来看，PEG值最好不要超过2，否则就会缺乏性价比。比如，贵州茅台的市盈率50倍左右，年均净利润增长率在15%左右，PEG值为3.3，估值明显过高；2012年11月贵州茅台的市盈率最低跌到9倍左右，PEG值为0.6，投资价值非常显著。将市盈率PE和修正值PEG综合起来评估股票价值，就会得出相对合理的结论，一般不会犯太大的错误。

二、交易时机

选对了相关行业和投资标的，并不意味着有

好的收益，还需要把握好买入和卖出的时机。通俗来讲，股票买卖就是从市场的非理性波动中寻找确定性机会；股票买入就是在变化中寻找优质的"便宜货"；股票卖出就是在动态中抛出"高价货"。在实践活动中，需要关注以下几个要点，进行全面考虑、综合评估。

（一）经济周期及经济政策

宏观经济周期及经济政策对于股票价格的影响程度在前文已有比较详细的阐述，在此只进行简要概述。

1. 经济周期判断

按照逆向投资思维，在经济的衰退期和萧条期，股市通常比较低迷，这是大规模建仓的好时机，经济过热期和繁荣期，股市往往高涨，就是减仓、清仓的时机。如何判断宏观经济周期所处的阶段？可以从 GDP 增速、PMI 指数、CPI 指数、社会融资总量等指标进行分析。

2. 流动性松紧程度

股市的涨跌在很大程度上取决于资金的流动，当政策开始实施积极的财政政策、宽松的货币政策意图刺激经济，降低基准利率、下调法定存款保证金率、广义货币供应量（M2）指数走高时，就是买入的时机。反之，国家经济政策开始从宽松走向紧缩，开始实施"去杠杆"的政策，经济政策的转向点往往就是股票卖出时点。特别是那些资产负债率较高、对于利率比较敏感的重资产投入行业，比如房地产、重化工等行业，最容易成为"去杠杆"政策的受害者，而对于利率不太敏感的生物医药类、消费类行业，与宏观经济政策的关联度不太密切。

3. 行业政策

政府对行业的干预一般通过行业标准、出口退税、税收优惠、财政补贴等政策加以引导。凡是政府支持和鼓励的行业想象空间比较大，一般会有较好的股价表现，可以作为买入的标的，这就是所谓的政策"风口"。反之，政策限制、去杠杆对象企业的股价难有好行情，可以作为卖出的对象。

（二）股市大盘指数

巴菲特说熊市是投资者的好朋友。每次碰到市场情绪犹如惊弓之鸟，股市非理性大跌的时候，都是非常好的买点，这种机会太难得了，可遇而不可求。如何判断股市大盘跌不动了，基本到底了，理想的买点出现了？可以从以下几个方面进行判断。

1. 重大突发事件

疫情传播、自然灾害等无法预料的重大突发性事件会对投资者的信心产生严重的打击，将导致股市的非理性下跌，只要这种事件不能摧毁国民经济基础，不会改变经济长远增长的预期，就是一个难得的买入时机。比如，受新冠肺炎疫情影响，2020年3月份上证指数下跌到2660点左右，从投资角度来看，就是非常理想的买入点。

2. 交易金额

股市中最重要的两个表现要素就是价与量，股价代表着现在这只股票值多少钱，持有者是盈利还是亏损；交易金额数量意味着股价背后的主导情绪，在某种程度上可以帮助预判股价的变化。价与量两者密不可分，缺少其中任何一个指标，市场信息就会显得不完整。两者的有效结合可以帮助投资者预测大盘走势，选择合适的进场和离场的时机,从而降低投资风险,获得更高投资收益。

俗话讲"天量天价,地量地价"。交易金额反映了资金交易的活跃程度,在某种程度上代表着市场多空双方的交易情绪,量大则价高,量少则价低。只要场外资金在不断地流入股市,交易金额在持续放大,大盘指数将保持上涨态势;反之,场内资金在不断地流出,交易金额在持续萎缩,大盘指数将是下跌的预期。

所谓的天量和地量并没有绝对的标准,从经验来看,比如 A 股沪、深两市的日交易金额连续多个交易日维持在 4000 亿～6000 亿元区间或以下,股市大盘指数进一步下跌却没有交易金额的放大,呈现地量地价状态,说明投资者信心不足,交易不活跃,大盘基本阶段性见底,买入的良机隐约显现。

反之,如果 A 股沪、深两市的日交易金额连续多个交易日维持在 15000 亿元以上甚至更高水平,股市大盘指数进一步大幅上涨却没有交易金额的放大,呈现天量天价状态,说明场外资金没有连续流入,大盘基本阶段性见顶,卖出的信号开始出现。

3. 交易量的结构性变化

交易量的结构性变化往往蕴含着重要的信息，在观察交易量变化的时候，应当剔除散户带来的扰动，重点观察机构主力资金的动向，开户数量、公募基金、社保基金、大型机构的表现是值得密切关注的重要参考指标。

第一，开户数量、公募基金的动态。如果新闻报道开户数量大量增加，公募基金销售火爆，出现日光盘或限额购买的消息，说明场外有大量资金涌入，大盘指数短期内仍将上扬，但即将见顶，这时应当准备卖出股票。如果出现公募基金大面积赎回的消息，大盘指数必有大跌，后市不被看好，应当立即卖出股票，保住胜利成果。如果公募基金行情低迷，基金经理到处拉客户去开户，说明投资者信心不足，股市低迷，就是买入股票的良机。

第二，社保基金、大型产业投资基金的举动。这类政府型基金的行为是重要的参考风向标，社保基金每季度公布的持仓数据非常具有参考价值。如果这类基金大量抛售某一类行业的股票，说明该行业股价已经很高，后市不被看好；反之，如果这类基金大量买入某一类行业的股票，说明该行业股价相对较低，可以考虑适时建仓。对于个股投资者而言，社保基金出现在上市公司前十大流通股东中，往往会成为一个重大的利好信息，既意味着股价会相对稳定，不会大起大落，又说明股价还有成长的空间。

第三，券商、保险等机构资金行为。每日龙虎榜是跟踪机构资金动向的实用工具，龙虎榜的席位分为营业部和机构专用，营业部一般代表着游资和大户，往往追求短期的炒作收益；机构专用代表着基金、券商、保险等机构投资者，更倾向于买入和持有经营基本面良好的企业股票。如果机构专用席位在一段时间内持续大量买入，而营业部大量卖出，说明机构看好该股，对于投资者是个利好的信息；反之，如果所有买入、卖出席位都是营业部，而此时股价又处于高位，这个时候就需要格外警惕风险，可能是游资准备减仓了。

（三）个股表现

买卖股票最终要落实到具体个股交易层面，个股的表现才是投资成败最为关键的因素。如何判断优质企业的股价基本见底，已经跌不动了，理想的买点出现了？可以从以下几个方面进行判断。

1. 偶发事件

只要是优秀企业，其基本经营状况并没有根本改变，当股票受到一些偶发的"黑天鹅"事件影响，导致股价大跌的时候，就是最佳的买入机会。这种"黑天鹅"事件一般有几种类型。

第一，由于股市大跌，受大盘的拖累，个股纷纷下挫，无一幸免。这种情况对于价值投资而言，就是一个天赐良机。

第二，行业受到一些事件的影响而遇上低潮。比如，2018年7月长春长生生物公司曝出冻干人用狂犬病疫苗存在生产记录造假的丑闻，一颗老鼠屎坏了一锅汤，该丑闻严重影响国民对于国产疫苗质量的信心，所有疫苗企业的股票都大幅下跌。从投资角度来看，行业危机正是买入优质疫苗企业股票的大好时机。

第三，企业遇到了一件倒霉的事情，导致价格大跌。这些情况都是可遇不可求，如果有幸遇上就是极好的买入机会。比如，2012年11月受塑化剂事件的影响，再叠加限制"三公"消费的政策禁令，贵州茅台的市盈率最低跌到9倍左右，就是一个极佳的买入点。

2. 历史低点

除去次新股、经营业绩不良等一些特殊的股票，一般认为当股价在最高价位的50%左右，俗称"腰斩"，即股价下跌一半的程度时，安全边际较高，可以考虑介入。即使估计不准确，亏了时间也不会亏本钱。

3. 增持回购或减持套现

增持回购或减持套现具有重要的参考意义，体现了产业资本的动态，普遍认为增持回购是买入股票的时机。股票增持回购意味着三点：一是这家企业的股价处于相对低位，具有较大的升值空间；二是大股东对该企业的发展前景保持乐观；三是该企业经营状况良好，还有闲置资金买入自家股票。

反之，企业的主要股东，特别是控股股东、高级管理人员减持股票套现，普遍认为大股东减持套现是股票卖出的时机。股票减持套现说明三点情况：一是该企业的股价已经很高，股东减持套现；二是企业流动资金紧张，大股东需要减持套现来筹集资金；三是大股东存在对未来企业发展缺乏信心的嫌疑；四是其他例外的情况。

4. 企业重组

企业重大的资产兼并、收购、剥离等重组行为，代表着企业的生产规模、经营范围、商业模式将发生重大的变化，未来想象的空间比较大，往往会成为买入股票的信号。

5."护城河"发生变化

坚持价值投资并不意味着持有5～10年或永久持有，股票也需要经常评估，具体有三点。

一是出现企业经营重大失误、商业模式不可持续、出现颠覆性技术、未来成长空间有限、以往的"护城河"优势不复存在等问题。

二是凡短期涨得过快，或股票估值很高，出现重大泡沫，就要分批抛售，至少要把本钱先拿回来，盈利部分留几年，甚至十几年、几十年也没有关系。

三是发现更加优秀的投资标的，就要果断减仓卖出，或进行调仓换股，只有不断评估，持续优化，才能形成比较理想的持股结构。

（四）技术分析

技术分析在本质上就是揭示与顺应股价变化的趋势，即通过历史情况来推测未来走向，由此衍生出技术分析流派。K线图可以说是最直观、最方便的一种工具，直观地体现股价的波动情况及发展趋势。但由于影响股市波动的因素过于复杂，很难运用数理模型进行推测，技术分析也存在着一定的局限性，它是分析股价走向的重要工具，但不是唯一依据。

股市有句俗话叫作"多头市场做多，空头市场做空，牛皮市场观望"。如果与技术分析相结合，那就是"不跳水不买，不冲高不卖，横盘不交易"。

"不跳水不买"就是等到股价连续大幅下跌时才是买入的时机，虽然未必买在阶段性最低点，但至少安全边际较高，不会吃大亏。

"不冲高不卖"就是等到股价连续大幅上涨时才是卖出的时机，股价的阶段性顶点无法预测，但也可以赢得较为可观的收益；当股价从高点第一次下落时往往令人猝不及防，心理上缺少准备，误认为是正常波动或调整，当再次上扬第二次下落，K线呈现"M"形状时，则必须卖出以保卫胜利成果，第二波下落比第一波更有杀伤力，可能是大盘从顶点回落，可能是庄家在清仓出货。

"横盘不交易"就是在横盘时耐心等待趋势的确定性变化，如果股价出现上涨趋势再买入也不迟。有句话叫"久盘必跌"，横盘久了股价下跌的可能性更大，耐心等待股价跳水后再选择买入的时机。

第八章 防范投资陷阱

收益永远与风险并存。没有危机感就是最大的风险,但不管存在多大风险,转移或控制了风险就等于没有风险;不管存在多小风险,没有控制风险就可能是百分之百的风险。有效防范和控制住了风险,投资收益也就基本有了保证。

一、风险防范

"股市有风险,投资需谨慎"是一句老生常谈的话。投资是一项面向未来的活动,而未来充满了太多不可预测的因素,即使是专业的投资老手,也不免会"失手"。因此,必须学会识别各种风险,才能避免不必要的损失。

(一)风险识别

股市每年都会出现一些"雷股"。比如,乐视网控制人跑路、长生生物退市、沃特玛破产、康美药业退市等事件。如何识别这些"雷股"?

经过研究分析,"雷股"大致可以分成以下几种类型。

1. 财务造假

财务造假的方式有很多,大致有以下几种类型。需要对财务报表中的异常变动保持警惕,也可以在专业财经网站上关注一些质疑文章,以识别潜在的财务造假风险。

第一,虚构收入和利润。通过与关联方虚构业务、虚假交易、伪造合同、共同演戏以虚增收入和虚构利润,这是情节最恶劣的造假行为。所以,对于业绩一直不好的企业,业绩突然有了质的飞跃,要引起格外注意和警惕。

第二,不按会计准则确认收入、费用和利润,通过提前或延迟确认收入和费用来虚增利润。因此,对于那些经营业绩大起大落,前一年亏损累累,后一年奇迹般扭亏为盈的企业,要格外警惕。

第三,非经常性损益突然增加。非经常性损益一般是指财政补贴、自然灾害造成的损失、资本性收益或亏损等与主业经营关联度不大的收入或支出,对利润会产生一定的影响。如果非经常性损益突然增加,就要警惕这个非经常性损益的来源是否合理。

第四，虚增资产和漏列负债。虚增一些资产和隐瞒一些负债可以让财务报表更好看，如果一个企业账上有充裕的流动资金还要大举借债，流动负债快速增长，资产负债率很高，却不能偿还到期债务，这就说明流动资金存在一定的问题。比如，康得新就属于此类财务造假，存贷双高以及大额资金往来不明，2019年该公司爆发了债务危机。

2. 财务指标不健康

第一，商誉过高。商誉是一个企业在并购时溢价的部分，并购一方面可以使企业的经营业绩大增，另一方面是过高的溢价收购会产生较高的商誉，巨额的商誉减值会导致净利润亏损，给投资者造成极大的风险。为防范巨额商誉减值带来的风险，普遍认为商誉在总资产中的比值不能超过30%，否则就有可能"踩雷"。

第二，资产负债率过高。资产负债率过高使得企业偿还债务、抵御风险的能力下降，不仅背负着沉重的财务负担影响利润收益，更要命的是一旦资金链出现问题，或者社会出现经济危机、金融危机，整个企业就会深陷债务危机，使经营活动处于瘫痪状态。资产负债率到什么程度比较合适？不同的行业有着不同的负债水平，安全线是一般不要超过 50%，具体情况详见上文"优秀的财务表现"中的"资产负债率"中的相关内容。

第三，应收款过高。应收款影响企业的资金周转和正常的经营活动，巨额的应收款说明企业的变现能力、盈利能力较低，在市场竞争中缺乏主导权，通过应收款进行财务造假、虚增收入和利润的案例层出不穷。为了避免"踩雷"，应收款周转率在 300% 左右或以上，才是比较安全的界限。

第四，或有负债过高。如果一个企业有为其他单位提供金额较大的债务担保，有大量的未决诉讼和官司，应收票据贴现或背书转让等涉及金额巨大的或有负债，就要引起高度警惕，有可能是潜在的"地雷"。

3. 公司治理层面出现问题

第一，高管侵蚀公司利益。高管是企业的领头羊，有可能通过关联交易、利用收购输送利益、占有公司资金等"左手倒右手"的行为来侵蚀企业利益，满足个人私利。

第二，大股东减持。上市公司大股东往往是公司高管，最了解企业真实经营情况和发展预期，高管疯狂减持套现，会给投资者利空的暗示，导致股价下跌。近年来最为典型的就是乐视网的控制人，先是通过编蓝图、画大饼、讲故事来拉高股价，吸引投资者，然后疯狂减持套现，掏空企业，收割"韭菜"。

第三，公司有违法行为。上市公司的信誉和形象是企业的核心，发生重大违法行为会对企业产生毁灭性打击。比如，2018年长生生物就因疫苗安全问题被强制退市。

第四，公司不务正业。公司过度实行非相关性多元化经营，拖累主业，就是不务正业。比如，海航集团就难逃破产重整的命运。因此，在选股时要选择主业突出的专业化企业，规避那些跨界经营的非相关性多元化企业。

（二）避免虚假概念股

A股市场有一项"中国特色"，就是喜欢炒作概念，有了概念就可以编出故事，站上"风口"，抬高股价，收割"韭菜"。其实大多数概念股不宜跟风炒作，缺乏投资价值，大致可以分成几种类型。

第一，概念自身就有问题。概念必须落实到具体的商业模式中去，分析商业模式的基本逻辑是否合理,是否靠谱,有时就需要运用常识进行判断,得出比较客观理性的结论。比如,共享单车、共享汽车的商业运营模式就不可能行得通。

第二,蹭热点的概念股。近年来随着互联网的发展,不少企业给自己贴上"互联网+"、区块链、虚拟现实等时髦标签,进行概念炒作。对于这类股票,可以查阅一下企业的年报、季报,看看产品结构比重,评估其是否具备这方面的实力,以免被误导。

第三,概念很美但离落地很远的概念股。元宇宙、自动驾驶、工业互联等概念虽然前景很美,但距离真正落地和盈利尚有很长的路要走。必须冷静地分析和评估这是短期资本炒作,还是具有长期投资价值,过于超前的配置存在太多的不确定性,需要承受很大的风险,很有可能遭受巨大损失。

(三)其他不适合投资的股票

除了上述的"雷股"、虚假概念股之外,还有一些股票不适合投资,在选股时应尽量规避。

第一,经营业绩大起大落、亏损较大的股票。这类企业或者是经营绩效不稳定,或者有财务造假的可能性,难以看到持续的业绩增长。

第二，ST股。这类企业往往经营业绩不佳，面临退市风险，虽然仍有炒作的空间，但没有必要去冒这种风险。

第三，有过财务造假、操纵股价、受过证监会处罚等"前科"的股票，这类具有道德风险的企业还是不碰为妙。

第四，近年来股价大涨过的"妖股"。这类股票在上涨过程中需要消化以往众多被套牢的投资者，股价上涨较为缓慢，缺乏投资的价值。

（四）避免杠杆

股市有句话叫"高手死于杠杆"。所谓加杠杆投资，通俗而言就是借钱炒股。其诱惑点在于股价上涨时可以用较少的资金收获更大的投资利润，可能"一夜暴富"；其风险点在于股价下落时造成更大程度的损失，甚至"一夜赤贫"。用杠杆甚至高杠杆炒股是一种成本较大、风险极高的行为，能不用就不用。主要原因如下：

第一，股市走向难以预测。牛市才是真正的绞肉机，辛辛苦苦赚来的钱，往往在牛市亏完。每一轮牛市的背后，实际上都是财富资金大洗牌、大转移的过程。股市总是在市场一片叫好的亢奋牛市中进入熊市，问题在于任何人都永远不会知道市场什么时候会进入熊市。即使借款规模不大，借款期限固定，而且投资头寸没有受到市场暴跌的直接威胁，但受到市场恐慌情绪的影响，投资人很可能会惊慌失措、寝食难安，做出非理性的交易行为，导致投资亏损。

第二，高昂的资金成本和难以预测的股价波动的双向夹击。虽然股市短期暴涨带来的诱惑很大，但借钱、配资的资金成本相当高昂。股票价格的短期波动受到政策、资金、情绪、心理等多重因素的影响，没有任何人和数据模型可以对此做出准确预测，各种不确定性就是风险。如果有人可以提前一天准确预测股市涨跌，那么这个人一定是世界上最富有的人。而事实上这种人并不存在，所谓的各种"股神"不是疯子，就是骗子。如果配资炒股，期间一旦发生意外，就很可能面临"强制平仓"的风险，造成不可挽回的损失。

第三，投资收益和还款期限的时间错位。股市有行业板块轮动的现象，个股是跌宕起伏的周期，任何人都无法预测下一个轮动的是哪一个板块，以及个股涨跌的空间有多大，投资后有可能产生浮亏，收益很难预测。而所借的资金有着约定的借款期限，到了还款时间必须偿还债务，如有浮亏也得忍痛卖出。就算投资眼光准确，日后这些股票大涨特涨，富贵也如同浮云与之无缘。

因此，投资必须定下自己可承受的底线，只能使用暂时不用的"闲钱"，那些借来的钱、治病的钱、保命的钱、生活开支必需的钱等输不起的钱，不适合用来投资，否则就与赌徒无异。孤注一掷豪赌一次就想赚一把的人，结果往往适得其反。做股票投资要牢记：任何时候都不要满仓。历史上从来没有人是依靠赌博发家致富的，投机炒作虽然可能会得逞一时，但只要做错一次就可能坠入深渊，万劫不复，赔上身家，甚至性命。

（五）及时止损

俗话说"留得青山在，不怕没柴烧"。胜败乃兵家常事，撤退有时是为了保存实力、寻机再战的明智之举。与此同理，止损需要纪律和勇气，以备来日再战。亏损是投资常事，没有人能够百战百胜，总有看走眼的时候，必须按自己的风险承受能力，设置一个止损线。

止损线一般可以设在15%～25%区间，一旦股价下跌到这个区位，就要考虑将该股票进行减仓或清仓，以减少损失，保存实力，重整旗鼓，等待出现新的投资时机。

二、调查研究

没有调查就没有发言权。买股票就是买企业，针对拟投资的企业，任何的资料分析都无法替代实地调查研究，这项工作可以说是决定投资成败、防范投资陷阱的核心环节。如何展开有效的调查研究？需要采取以下主要措施。

（一）组建团队

进行投资调查研究工作，组建团队必不可少，一般可以分成企业内部团队和外部团队，双方各司其职、分工合作，共同完成既定的投资任务。

1. 内部团队

"司令部"是投资委员会，一般由投资企业的董事长或总经理挂帅，作为投资工作的最高决策机构，负责投资标的立项、实施等重大事项的决策工作。

"正规军"是投资部门，一般由一个分管投资的副手牵头、协调和统领，负责拟投资标的寻找、初步筛选、投资立项、尽职调查、组织内部实施团队、协调外部中介团队、全程跟踪实施、撰写可行性报告等具体事务。

如果是参股或者控股，甚至是并购企业，则还需要组建"突击队"，成员来自本企业的研发、采购、生产、营销、销售、人力资源、财务、法律等各职能部门的核心业务骨干。平时从事日常本职工作，在标的投资过程中需要抽出时间和精力，加入投资团队中进行专项调查，提出专业性意见，发挥建设性作用。

2. 外部团队

外部团队包括会计师事务所、律师事务所、战略咨询公司、技术咨询公司、人力资源咨询公司等咨询机构。如果涉及标的企业技术、工艺、供应链、营销、人力资源等专业性调查，而本企业的业务骨干人员又无法完全胜任，就要考虑聘请外部相关咨询机构从事此类工作。

（二）人员调查

通俗来讲，投资就是"找靠谱的人，做靠谱的事，赚靠谱的钱"。说到底就是投资标的公司的老板，投资核心骨干团队。从某种意义上讲，人员调查比财务调查、经营调查、法律调查等其他方面更加重要。

1. 调查老板

要全面有效地调查标的企业的老板（董事长、总经理），除了查阅一些公开资料，获取其学科背景、专业特长、以往经历等显性内容之外，还需要调查其为人处世、价值理念、禀性爱好、性格脾气等隐性特征，这样才能为其准确画像。为了获取这些信息，可以从以下途径进行调查。

第一，从当地政府有关部门调查。各级地方政府有关部门和当地企业家的关系密切，地方越小，大家彼此之间越熟悉，对于当地一些知名企业家的人品、性格、爱好、出身、家庭背景等都比较清楚，可以作为调查的切入点。

第二，从亲朋好友层面调查。一是可以邀请标的企业老板的亲友参加一些休闲娱乐活动调查，在轻松愉快的气氛中不露声色地从侧面打听该老板的方方面面；二是从其交友也可以看出其中一二，因为物以类聚，人以群分。

第三，从其他途径调查。一是企业核心骨干人员；二是基层员工，比如财务部人员、老板身边的司机、秘书等。通过调查获取一手宝贵信息，从侧面打听企业老板（董事长、总经理）的思想、品行、价值观等个人信息，更准确地为其画像。

2. 调查核心骨干人员

标的企业内的各位副手，各职能部门、各分子公司的负责人等企业核心骨干人员都应作为被调查的对象。通过调查这些核心人员，了解被调查企业的真实经营状况，包括商业运营模式、技术专长、市场结构、财务状况、内部政治、利益圈子等信息，从侧面验证报表数据的真实性、准确性。

3. 调查主要利益相关者

通过走访标的企业的供应商、经销商、客户、债权人、银行等主要利益相关者，可以了解该企业的业务情况和信用状况，调查有两项重点：

第一，业务的真实性。只有通过走访标的企业的主要客户和经销商，才能得到真实的信息，一旦发现该企业存在伪造客户、关联交易、虚假开票、虚增收入和利润等经营造假行为。

第二，信用的真实性。通过调查供应商、债权人、银行等单位，就可以了解到该企业真实的信用情况。如果长期拖欠货款或贷款不能及时归还等,说明企业的经营状况和信用情况存在严重问题。

4. 调查主要股东

通过调查几个主要股东,可以比较准确地知道企业的经营状况、股东的真实态度、股东之间的矛盾、股东与经营层高管团队的矛盾等相关信息,这对于投资者进一步了解高管团队的能力水平、掌握更多信息、规避相应的风险,具有重要的作用。

5. 收集基层员工反映的信息

总体来讲,普通职员、车间工人等基层员工所提供的碎片化信息价值量不高,但从中可以得知企业生产饱和度、经济效益、福利待遇、人员稳定性、老板威望等相关信息,这些第一手的直观信息可以从另外的角度佐证相关报表材料的真实性,有时会起到意想不到的作用。

(三)财务调查

财务调查的目的是追求财务数据的真实性,防范财务造假风险,为合理的估值提供依据,需要完成以下工作。

第一，投资者亲自或派出本企业的财务业务骨干人员，或者聘请一个行业知名度高、职业操守好、业务能力强的会计师事务所，这是成功实施财务调查的前提条件。

第二，发现被投资企业的真实价值。通过查阅财务报表，调查相关财务状况，发现该企业真实的盈利能力、成长速度、资产结构、运营效率、现金流量等经营现状和发展潜能。

第三，识别财务造假陷阱。财务造假一般有几种形式：一是串通客户虚增营业收入；二是少记成本费用；三是经营性现金流负值，存在高应收款、高存货的财务特征；四是存在存款、贷款双高的情况；五是其他可能存在的造假行为。

第四，掌握真实的负债情况。除了资产负债表中所列示的各项短期、长期负债等"明债"之外，还必须调查清楚企业或有负债这个"暗债"，排除"地雷"和隐患。

一般来讲，或有负债包括以下几种类型：一是已贴现商业承兑汇票形成的或有负债；二是未决的诉讼、仲裁形成的或有负债；三是为其他单位或个人提供债务担保形成的或有负债。其中最可怕的、最符合"地雷"特征的是未披露的债务担保，一旦爆发就会给投资者带来重大损失。

第五，资产价值重置评估。对于土地、设备、厂房等固定资产，需要会同法律调查人员确定其真实产权归属，不仅要看资产折旧后的剩余价值，还需要对资产进行重置评估，区分出有效资产和无效资产、高效资产和低效资产，验证是否存在资产价值虚高的情况。

除此之外，企业调查还应当包括法律、经营、技术、安全、环保、文化等方面的工作，在此不再详述。

（四）全面衡量

做投资要先看风险，后看机会。投资活动面向未来，而未来总是充满着诸多风险和不确定性因素。对于通过全面调查获取的人员、财务、经营、法律等信息，必须进行详细研究、综合评估、全面衡量，撰写客观真实的调研报告，揭示标的企业的优势和劣势，发现其中的风险和陷阱。有些风险可以防范，只要引起高度重视、采取相应措施就能应对，过度的谨慎就是平庸；而有些风险则具有先天性、致命性的特点，很难从根本上加以解决，必须给予否决。

身处现代商业社会,总会遇上各种投资机会。

如果把握好机遇,或许能够成为改变命运的起点,企业由此兴旺发达、基业长青,为社会创造价值;个人小则实现小富或中富,大则出人头地、建功立业,实现人生价值。只有识别、防范和规避各种潜在的风险,总结自身的成功经验,吸取他人失败的教训,掌握其中的投资规律,才能像庖丁解牛一样,运用之巧,存乎一心,取得投资的成功,获取好的投资收益。

第九章 投资语录

1. 任何最成功的投资,
   都是因为投资了
   这个时代最好的公司或项目。

2. 投资就投两类公司:
   一是世界改变不了的公司;
   二是改变世界的公司。

3. 不要低估政策的威力。

4. 完美的东西不一定值钱,
   但稀缺的东西一定值钱。

5. 定下自己可承受的底线，
   输不起的钱，
   不要用来投资。

6. 长期而言，
   投资是一种信仰。
   有信仰的人：
   其胸怀必然是有容的；
   其精神必然是强韧的；
   其内心必然是静笃的。

7. 回归价值投资，而内在
   价值是价值投资的前提，
   内在价值能够以稳定的
   速度成长才是关键。

8. 凡是投资成功的人，
   都有一套自己的投资哲学。

9. 时刻关注科技进步带来的变化。

10. 投资必须有组合，
    攻守兼顾。

11. 收益性、安全性和流通性
    是决定投资方针的三项原则。

12. 投资成功必须具备
    耐性、智慧和勇气，
    三者缺一不可。

13. 每一轮牛市的背后，
    都是资金推动的，
    实际上就是财富、资金的
    大洗牌、大转移过程。

14. 人生如棋局，当变则变；
    人心如止水，该静则静。
    做投资，保持平和的心态
    至关重要。

15. 获得成功之后，
    往往会被胜利冲昏头脑，
    这时候更需要冷静思考。

16. 给自己订立一套投资纪律，
    并长期遵守。

17. 地理位置始终是
    房地产投资的首选，
    比如名校附近、
    交通便利的地方。

18. 人生最大的浪费就是犹豫。

第九章 投资语录

19. 投资失误是最大的失误。

20. 保住本永远是第一位的,
    也是投资策略的基石。

21. 做投资先看的是风险,
    后看的是机会。

22. 智者创造机会,
    强者抓住机会,
    弱者等待机会,
    愚者放弃机会。

23. 太乐观的人没脑子,
    太悲观的人没理智。

24. 方向第一,买卖第二;
    风险第一,利润第二。

25. 投资三字诀：
    稳、准、狠。

26. 投资成功三识：
    知识、常识、胆识。

27. 投资要做"三好"学生，
    选择好的行业，
    挑选好的公司，
    有好的价格。

28. 懂得取舍，
    是快乐投资的源泉。

29. 看重小利的人，
    不会有大钱途。

30. 投资如做人，
    原则为本，变通为法。

31. 投资成功与否并不完全
    是水平、技术问题,
    更多是信念和纪律。

32. 坚持做自己的调查,
    并深入调查。

33. 走一步,
    看两步,
    想三步。

34. 宁可慢走两步,
    不可错走半步。

35. 盛世地产,
    乱世黄金。

36. 宁可流口水,
    不要流泪水。

37. 有了金点子,
    还要钉钉子。

38. 懂得选择,
    学会放弃。

39. 猛兽永远孤独,
    羊群愿意扎堆。

40. 进攻中不忘防守,
    防守中不忘进攻。

41. 因为有各种周期,
    所以要踩准节奏。

42. 顺境的美德是节制,
    逆境的美德是坚韧。

43. 处逆境容易，因为小心；
    处顺境难，因为大意。

44. 买股票要牢记：
    任何时候都不要满仓。

45. 多问一次为什么，
    就会多一分把握。

46. 抢在产业起飞前的阶段进入，
    这是制胜的奥秘之一。

47. 投资要把更多的
    精力放在投前。

48. 投资说到底是投资
    这个公司的老板。

49. 投资需要经历
人性的考验、性格的修炼。

50. 集中精力关注你所投资
的公司正发生什么变化。

51. 不进行深入研究的投资,
就像打扑克牌从不看牌
一样,很容易失败。

52. 坚持别人难以坚持的,
忍受别人难以忍受的。

53. 身处资本市场,
如果没有强大的内心,
是一件很痛苦的事情。

54. 钱越多的时候
越容易犯错误。

55. 找到最好的公司,
    做时间的朋友,
    因为投资最贵的不是钱,
    而是时间。

56. 千万不要把自己的
    力量估计过高。

57. 做投资不是比谁在某个
    阶段跑得快,而是比谁
    看得深、看得远、看得
    准,比谁活得长。

58. 只投自己懂的领域。

59. 在不确定中寻找确定。

60. 没有流动就没有安全。

61. 投资的成功，在于少和精
    而不在于多，在于稳和慢
    而不在于快，在于简单和
    有效而不在于复杂。

62. 洞悉环境变化，
    发现环境变化，
    把握环境变化。

63. 任何机会不要错过，
    任何可能不要放过。

64. 选择世界级的、
    伟大的对手，
    然后学习他、
    追赶他、超越他。

65. 胜利是打出来的，
    也可以是等出来、
    忍出来的。

第九章 投资语录

66. 经常假设自己是错的，
    才有应对方案。

67. 凡事进入前必须想好，
    准备好退路。

68. 智者问凶不问吉，
    凡事先往坏处着想，
    再努力往好处做，
    才能长久生存。

69. 飓风来了，
    猪也会飞；
    但风过去，
    摔死的也是猪。

70. 没有危机感是最大的危机。

71. 危机时期往往是最大的机会。

72. 不要盲目跟风，
    人多的地方不要去。

73. 复利是投资的精髓。

74. 君子不立危墙之下。
    没有八九分把握，
    就不要冒险。

75. 买对了的，就拿稳了。

76. 善于观察，
    才不至于招致大风险。

77. 安全边际不仅仅是
    风险控制的手段，
    更是回报的主要来源。

第九章 投资语录

78. 当一家有实力的公司
    遇到一次巨大但可以
    化解的危机时,
    一个绝好的投资机会
    就悄然来临。

79. 不管存在多大风险,
    转移或控制了风险
    就等于没有风险;
    不管存在多小风险,
    没有控制风险
    就可能是百分之百的风险。

80. 投资风险不仅来自通货膨胀,
    而且来自投资项目的好坏,
    以及投资策略的正确与否。

81. 贪婪会蒙蔽双眼,
    越贪婪的人越容易中圈套。

82、新手输在追高,
老手输在抄底,
高手输在杠杆。

83. 在熊市中要战胜恐惧带来的威胁,
在牛市中要克制贪婪欲望的引诱。

84. 恐惧和贪婪,
都源自对市场的无知。

85. 无知并不可怕,
可怕的是不知道自己无知。

86. 投资必须克服:
一是贪婪心理,
二是恐惧心理,
三是知识不足,
四是耐心不够。

87. 情绪是交易的敌人。
愤怒、恐惧、贪婪、
急切、渴望、犹豫
都会影响你的判断或决策。

88. 产业投资,必须考虑:
一是找到价值;
二是与谁合作;
三是找到增值的来源。

89. 主动寻找与自己观点
相反的论点或论据,
才能做得更加出色。

90. 既看到机会,又看到灾难。
最好的时候往往是
最坏时候的开始,反之亦然。

91. 当你钱少的时候就投资新兴产业,当你钱多的时候就兼顾传统产业和新兴产业。

92. 没有什么不可以买的,也没有什么不可以卖的,关键是价格。

93. 宁愿要波动的成长,不要保守的生活。

94. 资本市场诱惑太大,离钱太近,如果品德不过关,就容易走歪路。

95. 财富与真理同在,能掌握真理,就一定会获得财富。

96. 市场的四季交替周而复始,
 背后是亘古不变的人性。

97. 当所有人都疯狂的时候,
 你必须保持冷静。

98. 没有价值的成长
 无任何意义,
 没有成长的价值
 是价值陷阱。

99. 决定内在价值最重要的
 因素是未来的收益能力。

100. 价格是你付出的,
 价值是你得到的。

101. 预期影响价格,
 价格也影响预期。

102. 扩张超出自己能力的，
会招致毁灭。

103. 宁可错过十个项目，
也不错投一个项目，
只有谨慎才不会翻船。

104. 能看对方向的人很多，
能坚持不动的人才厉害。

105. 市场永远是对的，
凡是轻视市场的人，
终究会吃亏。

106. 孤注一掷豪赌一次就想
大赚一把的人，结果往
往适得其反。

第九章 投资语录

107. 对于趋势投资者来说，
    市场都是正确的，
    就看你能否把握。
    对于价值投资者来说，
    市场都是错误的，
    就看你能否发现。

108. 保留多些现金，
    等大机会来临才出手，
    就可以一举成功。

109. 机会总是垂青那些
    勤思考、善观察的
    有心之人。

110. 世间总是物极必反，
    重要的是认清趋势转变，
    找准转折点。

111. 千万不要被静态的
估值水平所迷惑。

112. 如果做不到先知,
就必须要有后觉。

113. 洞察先机,
见人所未见,
是最大的秘诀。

114. 什么都咬,
不如咬紧一口。

115. 身在市场,
就得准备忍受痛苦。

116. 合并或收购的公司
必须在业务上与自己
有互利或互补的态势。

第九章 投资语录

117. 从市场的非理性波动中
     寻找确定性的机会。

118. 在胜利中找自己的缺失,
     在失败中找成功的因子。

119. 不要被波动的
     价格迷失初心。

120. 靠下赌注是
     不可能成功的,
     因为十赌九输。

121. 卓越就是要做到
     跟别人不一样。

122. 听意见,
     无成见,
     有主见。

123. 现金流是任何公司
 的重要健康指标。

124. 便宜是指资产价格
 低于其内在价值，
 而不是价格低廉。

125. 股票投资最重要的是
 在熊市里不亏钱，
 而不是在牛市里赚多少钱。

126. 永远相信：
 当所有人都冲进去的时候，
 就赶紧出来；
 当所有人都不玩了，
 再冲进去。

127. 在胜利中学会适时停手，
 不懂得暂停的人
 不会懂得加速。

128. 频繁交易,
是不会取得太大成功的。

129. 宁买当头起,
不买当头跌。

130. 不要一次性买进或卖出,
傲慢就是罪过。

131. 永远不要奢望买入最低价,
永远不要奢望卖出最高价。

132. 别以为自己每次都正确,
如果犯了错,
越快止损越好。

133. 多头市场做多,
空头市场做空,
盘整市场观望。

134. 股市，在绝望中诞生，
在亢奋中灭亡。

135. 当买卖遭到大的损失时，
别为了摊低成本，
而进行赌徒式加码。

136. 价格密集盘整之后
的突破，通常是值
得冒险的交易机会。

137. 在股票市场上，
寻找别人还没有意识到的突变。

138. 崩盘通常以暴涨为前导，
而暴涨都以崩盘收尾，
一再重复。

第九章 投资语录

139. 不买落后股，
 不买平庸股，
 全心全意锁定领导股。

140. 投资股票如找对象，
 宁缺毋滥。

141. 机会是跌出来的，
 风险是涨出来的。
 不因急跌而失措，
 也不因急升而忘性。

142. 止损需要纪律和勇气，
 以备来日再战。

143. 选股靠细心，
 买进靠信心，
 持股靠耐心，
 卖出靠决心。

144. 选股不如选时,
    善买不如善卖。
    准确把握时点,
    对投资成功非常重要。

145. 永远不要投资那些
    不了解其财务状况的股票。

146. 一定要对财务和数字敏感。
    失败的公司,
    最终都体现为财务的恶化。

147. 选择未来大有前途,
    却尚未被世人察觉的
    潜力股,并长期持有。

148. 熊市无底,牛市无顶。

第九章 投资语录

149. 一生中的大机会只有几个,
     当机会来临时,
     就要扑过去抓住它。

150. 宁要有门槛的低增长,
     也不要没门槛的高增长。

151. 好公司的两个标准:
     一是它做的事情别人做不了,
     二是它做的事情自己可以重复做。

152. 没有成功的企业,
     只有时代的企业,
     远离被时代抛弃的公司。

153. 没有财富目标,
     投资就没有方向,
     也就难以取得大的成就。

154. 耐心是成功投资的必要条件,
宁可不作为,不可乱作为。

155. 真实的盈利能力和诚信的管理层
是企业最重要的两个方面,
任何时候都要远离骗子企业。

156. 没有无缘无故的成功,
过人的洞察来自
艰苦卓绝的学习和研究。

157. 伟大的企业能穿越周期。

158. 机会来自于变化,
变化越大,机会越大。

159. 牛市才是真正的绞肉机,
辛苦挣来的钱
往往在牛市亏完。

160. 海啸第二波往往比第一波
来得更猛烈,威力更大,破坏性更强。
股灾也一样,
第一波来不及逃跑的,
在第二波来临之前必须逃跑。

后 记

经历了 40 多年的改革开放历程，我国走上了具有中国特色的社会主义市场经济道路，短缺经济变成了过剩经济。2000 年之后，中国经济先后进入了商品总量过剩、货币总量过剩和资产总量过剩的时代，这是中国几千年历史进程中从未出现过的现象。与此同时，中国资本市场经历了从无到有、从短缺到过剩、从"供销社模式"到"超市模式"的快速发展，取得了长足的进步。

放眼当前国内的资本市场，无论是二级市场的股票，还是一级市场的企业，可供投资的范围相当宽泛，可供选择的标的浩如烟海。随着以注册制改革为核心的资本市场改革的不断深化，资产总体数量过剩将成为长期性趋势，但资产数量过剩和结构性短缺现象同时并存。

从投资的角度来看，如何从数量众多的权益资产中精选出优质标的，发现稀缺核心资产，把握结构性机遇，踩准市场的节奏，解决好择股和择时的问题，不仅要买得好、买得低，更要捂得住、拿得久、卖得高。这就需要借鉴外部成功机构和人士的成熟经验，总结以往的成功经验，制定相应的选股方法和标准，形成适合自身实情的投资逻辑和策略。

尽管古今中外关于投资的文章、书籍成千上万，但以阐述理念和理论分析的居多，作为中国资本市场发展的见证者、实践者、受益者，我还是深感有责任、有义务、有必要把几十年投资的所见所闻、所思所行、心得体会、经验教训编写成册，以供投资爱好者参考，为其在投资道路上助上一臂之力，使其走得更稳健、更顺利、更成功。因此，在构思之初和动笔之时，就定下几项原则。

第一，简单实用。本书用来指导二级市场的投资实践活动，不论述高深的金融学理论，不采用复杂的数学模型，不套用抽象的数学公式，而是将专业的经济数据进行直观的量化处理，将晦涩的经济学原理进行通俗化解读，把复杂的问题简单化表述。这些都是我 40 来年投资实践经验积累的"干货"，投资爱好者可以将此书常翻常阅，常读常新，常思常得。

第二，突出专业。严格意义上讲，投资不限

于二级市场的股票投资，还包括房地产、债券、基金、大宗商品、贵金属、期货、艺术品收藏、虚拟货币等多种投资模式。但有些投资或资金门槛过高，或专业性过强，或投机色彩过浓，或收益率过低，或市场过于狭窄，并不适合广大普通投资者涉足参与。经过全面思考和评估，股票投资适用面最宽，比较适合普通股民和企业投资者。结合广大读者的结构特征和兴趣热点，本书聚焦于二级市场领域，但一级市场投资大多同理，正所谓一理通、百理通。

第三，通俗易懂。古人讲"大道至简"，本书以通俗易懂作为行文特色，力求语言精练、活泼轻松、鲜活生动，运用一些俗语、谚语、案例将一些复杂的理论、模型、公式转化为浅显易懂的策略、方法和操作指南，尽量做到通用、实用、好用。

从某种意义上讲，投资是一项终身的工作，一场人生的修行，一次寂寞的苦旅。既检验智慧，又考验人性；既是一项科学，又像一门艺术。投资的道理说起来很简单，交易手段就在于买卖两件事，但操作起来又是相当复杂，如同中国传统哲学所说的阴阳五行，看似简单易学，实则深奥莫测；易于入门上手，难于登峰造极。

后记

投资又如同中国的围棋,黑与白的世界看似规则简单,实则变幻莫测,奥妙无穷,可谓入门者众,善弈者寡。

投资又是一项逆人性的工作,极大地考验着人性,股价的涨跌会对心理产生很大的压力,等待合适的买入时机需要耐心,交易买卖的时刻需要决心,持股待涨的时候需要信心。期间必须控制住自己的情绪波动,不以物喜,不以己悲,放宽心胸,放远眼光,克服人性的恐惧、贪婪、犹豫等弱点。既要管住手,更要管住心,不要过度在意短期的涨跌,而需着眼长期的投资价值。

我国古代哲学认为"大方无隅,大象无形"。投资活动犹如阴阳五行,博大精深,变幻无穷,而作者经验有限,认知有界,虽殚精竭虑、竭尽所能也无法穷尽其中之奥妙。投资之路道阻且长,行则将至。总是鲜花与荆棘相伴,欢乐与忧伤并存,成功与失败相联。希望本书能为广大投资者在实践活动中点亮一盏灯火,点拨一些迷津,助上一臂之力,少担一些风险,多得一份收获。

在本书成稿之时,需要感谢各位同行提供了大量的素材,提出了许多中肯的建议,丰富了理论体系，充实了相应案例。

感谢相关同事收集、汇总和梳理了大量的资料和数据，使书稿的逻辑体系更加严密，内容更加丰满，语言更加生动。

学习无止境，实践也无止境，我将继续学习、实践、总结、提高。

二〇二一年九月于深圳